스웨덴 숲에서
한국을 읽다

스웨덴 숲에서 한국을 읽다

더 나은 한국 사회를 위한 비판적 제언

지은이 **황선준**

　나의 지난 길을 되돌아보면 나는 크게 두 분야의 길을 걸어왔
다. 한 분야는 정치학이고 다른 한 분야는 교육학이다. 스톡홀름
대학에서 학위를 받고 대학에서 강의교수와 연구자로 활동할 때
와 그 후 스웨덴 감사원 및 재무행정원에서 관료로 활동한 때가
전자의 학문 전통에 의존한 시기이다. 학위 논문을 쓰고 학술지
에 논문을 기고하고 스웨덴 행정체제를 분석하고 발전시키려고
노력했다. 그 후 스웨덴 국가교육청, 경기도교육연구원, 그리고
서울과 경남의 교육연구정보원에서 근무한 때는 대체로 교육학
적 문제에 천착한 시기이다. 교육을 담당하는 실무자 역할을 하
면서도 연구자로서의 시각이 무뎌지지 않도록 학술지와 언론지
상에 많은 글을 기고했다.

　이 두 학문 분야를 연결하는 정점에 정책 평가(policy evalua-
tion)가 있고 나는 정책평가자(evaluator)로서 세상을 봤다. 특히
교육 문제에 천착했을 때는 교육 사안의 정책 평가가 어떤 정치
적 과정을 거쳐 제도화되는가에 특별한 관심을 쏟았다. 이 정책
평가자의 시각은 스웨덴이 나에게 남긴 가장 위대한 자산인 '비
판적 사고'를 통해서 가능했고 이 비판적 사고의 핵심에는 다음

의 세 질문이 있다: 왜? 무엇이 문제인가? 나는 어떻게 생각하는 가? 그리고 이 질문들은 '출발점은 문제이고 귀결점은 대안'이라 는 내 나름의 '실질 철학'과 언제나 함께 했다. 간단하게 보이면 서도 한없이 어려운 이 사고방식과 철학을 한국 교육과 사회에 전하여 우리 사회를 발전시키고 싶었다. 그래서 나는 다시 한국 으로 돌아와 지난 8년간 근무했다. 이 책이 그런 사고와 철학의 산물이라는 것은 말할 것도 없다. 즉 날카로운 시각으로 무엇이, 왜 문제인가를 찾아내고 그 문제를 어떻게 해결할 것인가를 대 안으로 제시한 결과물이다.

이 책은 우리 사회 전반의 사안들을 다룬다. 어떻게 이 사안들 이 선택됐는지는 위에서 언급한 정책평가자로서의 비판적 사고 와 이 시대가 겪고 있는 문제가 겹친 경우이다. 아무리 심각하고 큰 문제라도 찾아내고 파헤칠 수 있는 사고 능력이 없거나 아무 리 사고 능력이 출중해도 세간의 관심을 끌 수 있는 문제가 아니 면 글이라는 결과물이 되지 않는다. 교육 불평등, 기후위기와 환 경, 성평등과 성 소수자 인권, 사회 복지 제도의 발전 그리고 코 로나 문제들이 바로 그런 관점에서 쓰인 글들이다.

당연히 교육에 큰 지면을 할애했다. 한국 교육과 스웨덴 교육 을 넘나들며 서로 무엇을 배울 수 있는지에 초점을 맞추었다. 교 육 문제를 정치적 그리고 제도적 측면에서 본 이유는 교육은 교 육 문제로만 해결할 수 없고 끊임없이 정치와 사회적 문제 속에서 조명하고 정치적 힘(power)과 제도적 측면에서 해결의 실마리를 찾지 않으면 해결하기 어렵기 때문이다. 물론 다른 분야도 마찬가지다. 그런 관점에서 이 책이 교육계 또는 사회 정책이나 정치 분야에서 정책 입안자로 활동하는 분들에게 도움이 되기를 기대한다.

이 책에 수록되고 편집된 글들은 지난 2년간 한국의 신문과 학술지에 실린 글들이다. 눈이 무릎까지 덮인 스웨덴 숲속을 헤치며 무엇이 한국의 문제인가를 끊임없이 고민했다. 웬만한 문제들은 그런 강력한 산책으로 떨쳐내 버릴 수 있었다. 그러나 여기에 수록된 글들은 그런 산책으로도 떨쳐내지 못한 것들이다. 즉 스웨덴 숲도 삭이지 못한 문제들이 글로 된 것이다.

이 글들이 언론지상이나 다른 매체에 실리기 전에 자료를 찾아주고 읽고 의견을 준 나의 글벗들에게 큰 감사를 드린다. 한 권의 책을 만드는 것은 아이를 출산하는 일에 버금간다. 숭고하고 기쁜 일이다. 이 대단한 일을 빈빈책방의 박유상 대표와 직원들이 해냈다. 머리 숙여 감사드린다.

스웨덴 숲속에서

황선준

| 목차 |

1부

스웨덴 숲에서
교육을 생각하다

단 한 명의 학생도 포기하지 않는 '교육 민주주의'

2021년 1월 2일 한겨레신문에 게재된 김선희 교사의 칼럼은 경쟁 교육과 타성에 찌든 나에게 교육에 있어 중요한 게 무엇인지를 다시금 일깨워줬다. 내용은 이렇다. 어느 한 학생이 병치레 등으로 지각, 결석, 조퇴를 밥 먹듯이 하며 공부도 하지 않고 학교생활에 적응하지 못하다가 결국 자퇴한다. 학생의 부모는 아이가 사춘기일 때부터 많은 갈등을 겪다 별거하고 학생의 양육을 서로 미루며 돌보지 않았다. 김선희 교사 반에 18세의 상처투성이 복학생이 들어왔다. 교사는 그 힘든 일을 견뎌내고 복학한 학생에게 '대단하다'라고 칭찬하며 최선을 다하여 돌본다.

주위 교사들의 비난과 비판이 쏟아진다. 일부는 지각, 조퇴, 결석이 잦아 다른 반이라면 학교를 못 다닐 학생이었을 텐데 그 교사 반이라 다닌다며 형평성에 문제 있다고 한다. 다른 교사는 다음과 같이 힐난

한다.

"여기는 학교예요. 공부를 전혀 하지 않는 데다 가정에서조차 제대로 돌보지 않는 아이를 왜 선생님이 끌어안고 뒤치다꺼리하느라 고생인지 모르겠어요."

이에 대해 김선희 교사는 다음과 같이 응답한다.

"맞아요. 여기는 아이들 공부 가르치는 학교예요. 하지만 동시에 양육기관이라고도 생각해요. 부모가 자식을 돌보는 것이 당연하나 때로는 부모 자신조차 돌보기 어려운 위기에 빠지기도 해요. 공교육은 개인이 혼자 감당할 수 없는 부분을 사회가 함께 책임지는 일이라고 생각해요. 학교의 역할은 가정환경이 좋아 학교 없이도 가정교육이나 사교육으로 커갈 수 있는 아이들보다 그렇지 못한 아이들에게 더 중요하다고 생각해요. 가정적인 위기의 순간에도 아이들의 안전지대가 되어줄 수 있는 곳은 오로지 공교육 기관뿐이에요."(김선희, "부모가 돌보지 않고 공부도 않는 아이, 학교는 포기해야 할까", 『한겨레』, 2021년 1월 2일)

김선희 교사는 이런 철학으로 그 학생을 '끌어안고 뒤치다꺼리하여' 상급 학년에 진급할 수 있도록 했다. 김선희 교사가 보여준 것은 '교육은 가정을 보완하는 것'이라는 그야말로 엄청나지만 실현하기 어려운 사회·교육철학이다. 이것은 스웨덴이 제2차 세계대전 이후 가장 강조한 교육철학 중 하나다. 국가는 교육을 통해 가정을 보완해야 한다. 여기서 국가란 시간에 제한되지 않고 연속된 중앙 및 지방 정부를 통칭하는 공권력을 말하고 보완은 국가의 오른팔, 왼팔인 교사가 하는 것이다.

교육의 목적은 크게 두 가지다. 하나는 아이들과 학생들에게 지식과 역량을 갖추게 하는 것이고 다른 하나는 학생들을 민주시민으로 키우는 것이다. 이 둘 중 어느 하나라도 제대로 하지 못하면 그 결과는 커다란 사회적 손실로 나타난다. 특히 민주시민으로 키우지 못하면 사회적·국제적으로 대재앙이 될 수도 있다.

아이는 부모를 선택할 수 없다. 운이 좋아 좋은 교육을 받을 수 있는 환경에서 태어날 수도 있지만, 교육받지 못한 부모, 가난한 부모, 장애 부모, 다문화 부모 등 열악한 교육환경에서 태어날 수도 있다. 그러나 국가는 모든 학생을 지식과 역량을 갖춘 훌륭한 민주시민으로 키워야 할 책무가 있다. 특히 민주주의 국가라면 교육환경이 열악한 가정을 반드시 국가가 보완해 주어야 한다.

부모의 사회·경제적 배경이 학생들의 학업 성취도에 큰 영향을 미친다는 것은 이미 많은 연구로 알려져 있다. 부모의 교육 정도가 높고 소득이 높은 가정, 즉 교육환경이 좋은 가정에서 자라는 아이들이 그렇지 않은 아이들보다 성적이 좋다는 것이다. 나라마다 정도의 차이는 있지만 거의 모든 나라에서 같은 현상이 나타난다. 스웨덴도 그렇고 한국도 그렇다.

교육환경이 좋은 가정에서 태어난 아이는 공부 머리(재능)를 타고 났을 확률이 크다. 그뿐만 아니라 공부를 해야 한다는 당위성 강한 가정환경 속에서 자라기 때문에 열심히 노력할 확률도 높다. 존 롤스는 이러한 상황을 정의라고 보지 않았다. 재능을 물려받는 것도 불공평한 것이지만 열심히 노력하려는 의지도 타고난 재능과 함께 우연의 영향을 크게 받는 것으로 그리 공평한 것이 아니라는 것이다. 즉 가정이라는 변수에 의해 애초에 출발선이 다르기 때문에 단지 의무교육이라는 기회균등만으로 정의를 실현하는 것은 충분한 조건이 될 수 없다는 논리다. 이러한 문제를 극복하기 위해 롤스는 '차등 원칙'을 주장한다. 즉 불평등을 인정하되 사회적 약자에게 이익이 돌아가는 정책을 펴야 한다는 것이다. 그렇다고 재능 있는 아이들에게 불이익을 제공하여 강제적으로 평등을 달성하라는 것이 아니다. 교육환경이 좋지 않은 가정에서 자라는 아이들에게 교사는 더 많은 '돌봄', 즉 열정을 바쳐 단지 기회균등이 아닌 '가능성의 평등(Equal in possibility)'을 제공해야 롤스가 말하는 정의라고 할 수 있다.

교육을 통하여 가정을 보완해야 한다는 이 정의론은 왜 중요할까? 교육이 열악한 환경에서 자라는 아이들에게 가정을 보완하는 역할을 하지 못하면 결국 출생환경에 따라 교육 성취도가 달라지고 교육 성취도는 세대를 거치며 세습된다. 이것은 다시 부의 불공평한 분배와 그것의 세습으로 굳어질 확률이 높다. 이렇게 되면 공식적으로 신분 사회는 아니지만 신분 사회가 될 가능성 역시 커진다. 민주주의 국가에서는 이를 용인할 수 없기에 교육을 통하여 세습과 신분 사회 고착화 고리를 끊으려는 것이다.

스웨덴 사민당 정권은 세계 제2차 대전 이후부터 바로 이 점에 천착하여 '교육 민주주의'란 이념 아래 '계급 여행(Klassresa)'을 가능하게 하는 정책을 펴왔다. 말하자면 노동자, 농민의 자녀가 교육을 통하여 판·검사, 의사 등이 되어 중산층이 되는 것을 계급 여행이라 불렀고 이것을 가능하게 하는 것을 교육 민주주의라고 했다. 영어의 '사회적 유동성(Social mobility)'이라는 개념과 유사하다. 1940년대부터 연구·조사와 시범을 거쳐 1960년대 초 전격적인 9년제 기초학교로의 통일, 1970년대 고등학교 보편화, 1980년대 대학 문호 개방 등이 이런 정책들의 일환이며 계급 여행과 교육 민주주의를 가능하게 하는 가장 중요한 정책은 누구든 원하면 대학원 교육까지 모든 교육을 무상으로 받을 수 있게 한 것이라 할 수 있다. 이뿐만이 아니다. 공교육 체제 내에서 지자체 성인교육을 제도화하고 사회단체들과 공민학교의 성인교육 프로그램을 통하여 어떤 이유에서든 교육을 받지 못한 사람들에게 제2, 3의 교육 기회를 제공하여 대학교육까지 받을 수 있도록 하고 있다. 그렇다고 스웨덴이 교육 민주주의에 온전히 성공한 것은 아니다. 아직도 교육환경이 열악한 노동자 계층 자녀들의 대학 진학률은 교육환경이 좋은 중산층의 대학 진학률보다 낮다.

오랫동안 교육 민주주의를 위해 노력해온 스웨덴이 아직도 계급 여행을 성공하지 못했다는 것은 이것이 얼마나 어려운 일인가를 방증하는 것이다. 한국의 경우는 어떠한가? SKY를 위시하여 일류대학의 입학은 부모의 사회·경제적 배경이 좋은 학생들이 거의 독점하는 시대가 왔다. 국가의 가정 보완 역할은 점점 약해지고 계급 여행은 더욱 어렵게 되었다는 뜻이다. 어쩌면 교육 민주주의란 개념조차 존재하지 않고 특목고 제도 등을 통한 수월성 교육의 필요성과 장점을 강조하는 나라니 당연한 결과인지도 모른다.

스웨덴의 경우 계급 여행을 가능하게 하는 제도들은 오래전부터 확립되었지만 학생들에 대한 교사들의 열정이 충분했는지는 의문이다. 국가가 가정 보완 역할을 제도적으로 하지 못하면 일선 교사들만의 노력으로는 계급 여행은 불가능한 일이다. 그렇다고 포기해서는 안 된다. 국가의 오른팔·왼팔로서 수없이 많은 김선희 같은 교사가 우리 사회를 신분사회로 고착되는 것을 막고 역동적인 민주사회로 나아가게 해야 한다. 더욱이 출생률 세계 최하위인 우리에게는 한 명의 아이도 포기할 여유가 없다. 특히 교육환경이 좋지 않은 가정에서 자라는 아이는 더욱 포기해서는 안 된다. 교육을 통해 가정을 보완해야 한다는 민주주의 철학으로 무장된 교사가 한 명이라도 더 있어야 제도와 철학이 부족한 국가를 조금이라도 보완할 수 있다.

『EBS NEWS』 2021년 4월 7일

초등돌봄과 방과후활동의 장기적 해결

전국학교비정규직연대회의 소속 초등돌봄
교실전담사들은 최근 처우개선 등을 요구하며 전국적으로 시위를 벌
였다. 이들은 지난 11월 6일 1차 파업을 단행했고 12월 8~9일에 예정
됐던 2차 파업은 일단 유보했지만 현재 진행되고 있는 협상에서 진전
이 없으면 오는 23, 24일 다시 총파업을 단행하겠다고 예고했다. 돌봄
전담사들의 요구는 크게 두 가지다. 하나는 '지자체의 온종일 돌봄법
철회'이고 다른 하나는 '8시간 전일제' 근무다.

한국의 '초등돌봄교실' 제도는 미래에 대한 뚜렷한 청사진이나 비
전 없는 미봉책 행정의 전형을 보여준다. 정부의 무능력은 일단 제쳐
두고 돌봄전담사들의 요구를 보자. 첫 번째 주장인 지자체의 온종일
돌봄법 철회 요구는 돌봄 업무의 담당이 교육부(교육청)에서 지자체
로 이전되는 것을 반대하는 것이다. 이 요구는 설득력이 있다. 무상급

식 파동 때 '급식도 교육'이라며 무상급식을 주장한 것을 염두에 두면 초등돌봄은 급식보다 훨씬 더 교육적인 활동이며, 국제적으로도 돌봄과 교육의 통합이 장려되고 있다. 그러나 계속해서 교육부 담당으로 남을 때 이것이 교사들의 업무가 되어서는 안 된다. 한국 교사들은 현재도 아이들의 교육과 학교생활을 전담하는 것 외에 교육부 및 교육청의 많은 행정업무에 시달리고 있다. 따라서 아래 스웨덴 사례와 같이 완전히 새로운 '방과후활동(학교)'이 정착되기 전까지 돌봄 행정업무를 전적으로 학교관리자 또는 교육지원청의 책임으로 두는 방안을 고려할 필요가 있다.

두 번째 요구인 '8시간 전일제'는 해결이 쉽지 않아 보인다. 초등돌봄 시간은 대체로 방과후 오후 1시에서 5시까지이며 정규 근무시간은 4~5시간인데 '8시간 전일제'로 전환해달라는 것이다. 현재 교육청에 따라 다르지만 돌봄전담사들은 소수 전일제, 6시간 또는 4, 5시간제 무기계약직으로 정년이 보장되어 있다. 전일제 주장의 근거로 돌봄전담사도 초등교사들처럼 아침에 아이들을 돌보는 경우가 있고 하교 후에도 행정업무를 한다는 것이다. 하지만 업무의 양이 많은 초등교사와의 비교는 적절치 않다. 아래 스웨덴 사례와 같이 향후 오전수업의 지원을 제도화하는 요구로 전일제 주장을 펴는 것이 더 설득력 있다.

초등 '방과후활동'도 교육철학 부재의 미봉책으로 운영되기는 마찬가지다. 현재 방과후활동은 각 학교가 학부모의 요구에 맞춰 특기, 적성 그리고 교과 프로그램 형태로 운영되고 있다. 수익자 부담이 원칙이지만 농어촌 학교에서는 교육청 지원금으로 운영되기도 하고, 돌봄과는 독립된 행정체제로 운영되고 있다. 따라서 현재 아이들은 돌봄과 방과후활동을 오가는 형태로, 분절된 교육이 이뤄지며 사교육비 절감이라지만 사교육의 생태와 기능주의가 공교육에 침투한 양상을 띤다.

이 기회에 교육부는 초등돌봄과 방과후활동을 통합한 스웨덴과 같은 완전히 새로운 '방과후활동(학교)'을 중장기적으로 발전시킬 필요가 있다. 스웨덴 교육법과 교육과정은 방과후활동의 4가지 목적을 "교육을 보완하고, 아동의 발달과 배움을 자극하고, 의미 있는 자유시간과 레크리에이션을 제공하며, 아동의 전체적인 필요에 따라 이뤄져야 한다"라고 명시하고 있다. 또 방과후활동은 이를 원하는 아동에게 6학년까지 의무적으로 제공해야 한다고 못박고 있다. 현재 스웨덴의 방과후활동은 사범대에서 180학점(3년 교육과정)을 이수하고 미술, 음악, 가정, 체육 등 영역별 전문성뿐만 아니라 초등교사처럼 교육과정, 지도력, 아동의 발달 및 갈등 해결 능력 등을 교육받은 방과후 교사가 진행한다. 학교에 따라 조금씩 다르지만 방과후 교사는 전일제 정규직으로 오전 학급에 1~2명씩 배치되어 담임교사와 긴밀하게 협의하면서 학급업무를 지원한다. 구체적으로는 교육자료 준비 등을 통하여 담임교사를 지원하고, 점심 및 휴식 시간에 학급을 책임지며, 학급을 소그룹으로 나누어 일부 그룹을 맡아 가르치거나, 미술, 음악 등 일부 수업을 담당한다. 물론 오후에는 학년과 학급을 섞어 재편성된 방과후 그룹의 교육 활동을 전적으로 책임진다. 방과후 교사의 채용과 교육의 질 담보는 학교 관리자의 몫이다.

  스웨덴의 방과후활동과 방과후 교사는 학교 교육에서 아주 중요한 부분을 차지하고 있을 뿐만 아니라 유아교육과 함께 양성평등을 위한 필수제도다. 스웨덴의 방과후활동(학교) 제도를 참조하여 한국도 초등돌봄과 방과후활동을 통합하고 방과후 교사 양성과정을 교대에 신설·양성하여 이들이 담임교사를 지원하고, 아이들의 호기심을 자극하고 영감을 주며, 의미 있는 자유시간을 제공하여 아동의 전인적 발달을 위한 교육이 이루어지기를 기대해 본다.

『국제신문』 2020년 12월 14일

교육행정 혁신, 교육 미래 담보하는 열쇠!

　　교육의 궁극적 목표는 두 가지다. 하나는 학생의 역량(Competence)을 키우는 것이고 다른 하나는 이들을 민주시민으로 성장시키는 것이다. 역량이 강한 학생을 키우기 위해 현재의 지식 위주 교육을 지식(Knowing)과 비판적 사고(Thinking) 그리고 실천(Doing)을 함께 키우는 교육으로 전환해야 한다.

　　이는 일방적 강의 위주 수업에서 벗어나 토론·토의식 수업 같은 다양한 형태의 학생 참여 수업을 확대하는 것을 뜻한다. 또한 암기에 무게를 둔 객관식 위주 시험에서 비판적 사고에 초점을 둔 서술형·논술형 시험의 비율을 확대하고 상대평가를 실질적인 절대평가로 전환해야 한다. 학생을 민주시민으로 키우기 위해서는 사회적 문제가 교실에서 깊이 있게 논의되도록 하고 실질적으로 기능하는 학급회, 학생회, 학생의회 등을 활성화해야 한다. 민주주의는 근본적으로 인간관계를 수직적인 것에서 수평적인 것으로 전환하는 것이고 평등이 삶의 철학이 되도록 하는 것이다.

학생들을 '역량 강한 민주시민'으로 키우고 교육의 미래를 담보하기 위하여 위에 제시한 교수학습 방법의 개선 외에 다음 세 가지 교육 행정 혁신이 이뤄져야 한다.

첫째, 제 기능을 하지 못하는 교육계의 각종 평가를 폐지해야 한다. 교원근무성적평정과 성과급평가로 이뤄진 교원업적평가는 교원의 역량과 업무달성의 질과 양을 평가하기보다는 대체로 간단한 정량평가에 의존하며 교직원 사이에 많은 위화감을 조성한다. 또 이제는 거의 자체평가로 전환됐지만, 학교평가도 형식적으로만 이뤄지고 있으며 시간과 인력을 낭비하고 있다. 그리고 학부모, 학생, 동료 교사들의 평가로 이뤄진 교원능력개발평가의 경우 학생이 교원의 역량을 평가하는 것도 쉽지 않을뿐더러 자주 만나지도 못하는 학부모가 교원을 평가하는 것도 방법 면에서 큰 문제를 안고 있다. 이 외에도 경쟁과 위화감을 조성하고 평가 본연의 목적과 역할에 걸맞지 않는 교육부와 교육청 평가를 폐지하고 교육계의 새로운 협력문화를 조성하는 것이 미래를 위한 길이다.

둘째, 현행 교원승진제도를 폐지하고 교감과 교장을 공모제 및 보직제로 전환하는 것이 시급하다. 현재의 승진제도는 경력, 근무성적, 연수성적, 그 외 가산점 제도로 모은 점수에 의존하며, 이렇게 모은 점수는 실제 학교 관리자로서의 지도력, 역량 및 자질과는 거리가 있다. 좋은 승진점수를 받기 위해 동료 교사들과 치열하게 경쟁하고 관리자의 눈치를 살펴야 하는 현재의 승진제도는 교육이 보수화되는 가장 큰 원인이다.

그뿐 아니라 교직 경력 말년에 관리자가 되면 혁신에 대한 열정이 떨어지고 무사안일과 보신주의에 빠지기 쉽다. 앞으로 모든 교감과 교장은 투철한 공교육 철학을 지닌 민주주의적 지도자를 완전공모제로 선발하고 일정 기간 교감, 교장직을 수행한 뒤 평교사로 돌아가거나 다른 학교 관리자로 갈 수 있도록 하는 보직제로 전환하는 것이 바람직하다. 현재 소규모로 시행되고 있는 내부형 공모교장이 그렇지 않은 경우에 비해 긍정적인 결과를 가져온다는 연구 결과가 있다. 내부형 공모교장이 학부모, 학생, 교직원의 호평을 받는 것도 승진제도 혁신의 필요성을 강변하고 있다.

셋째, 교육 자치를 달성해야 한다. 교육에 관한 많은 결정은 최대한 교육 주체인 학생, 교직원, 학부모 가까이서 일어나야 한다. 이를 위해 유 · 초 · 중등 교육은 현재의 교육부에서 각 시도 교육청으로 포괄적으로 이양해야 한다. 물론 교육기본법과 관련 법령 그리고 국가 차원의 교육과정에 대한 책임은 앞으로도 교육부가 져야 한다. 유 · 초 · 중등 교육을 교육청으로 이양하면 교육부는 각 교육청의 교육이 잘되고 있는지 전문적이고 심도 있게 평가하고 연구하는 데 집중할 수 있다.

이러한 개편을 통하여 교육부는 이제까지 하지 못한 장기적인 교육목표 · 방향을 세우고 비전을 제시할 수 있다. 이렇게 되면 최근 국가교육회의에서 연구하고 일부 국회의원이 발의한 '국가교육위원회'는 군이 설립할 필요가 없다. 자체 예산 편성권과 법률 제안권이 없는 국가교육위원회는 예산을 낭비하고 교육부와 역할이 중복되어 상호 갈등을 유발하는 유명무실한 기관이 될 가능성이 크다. 교육 자치에 의한 교육부 혁신이 답이다. 코로나 19 상황에서도 교육 현장은 원격수업과 대면수업을 오가며 최선을 다하고 있다. 위 교육행정 혁신으로 교육 현장의 열정을 뒷받침하여 우리 교육의 미래를 담보하기 기대한다.

『국제신문』 2020년 10월 14일

'코로나 시대 교육격차'
스웨덴의 교육평등을 위협하다

최근 스웨덴 언론에서는 코로나바이러스로 인하여 교육계에서 실시한 원격수업의 문제를 다루는 기사들이 심심찮게 나오고 있다. 스웨덴의 원격수업은 코로나바이러스가 극성을 부린 지난 1년 감염차단 차원에서 주로 고등학교와 대학 수준에서 이뤄졌고, 기초학교(초등 · 중학교) 수준에서는 지자체와 학교에 따라 단기간 이뤄진 경우가 많았다.

현재 스웨덴 코로나바이러스 감염 확산 정도는 상당히 심하며 어린이와 청소년들 사이에서도 유행하고 있다. 그런데도 사망자 수가 확연히 줄어든 것은 노인들 상당수가 이미 백신을 맞았기 때문이란다. 스웨덴은 현재 코로나 사태의 확산과 진정의 기로에 서 있는 듯하다.

스웨덴은 다른 나라들과 달리 지난 1년 동안 학교를 전면적으로 폐쇄하지는 않았다. 초등 · 중학교는 계속 등교했고 고등학교와 대학교 수준에서는 2020년 3월 18일부터 원격수업으로 전환했고 8월에 잠시 학교를 열었으나 감염자 수가 증가하자 10월에 다시 학교를 닫았다. 코로나바이러스 감염이 극에 달한 지난해 크리스마스 전후와 올해 스포츠 방학이 있었던 2월 말에는 중학교 수준에서도 지자체에 따라 원격수업으로 전환한 학교가 생겼다. 정부는 올해 4월 1일부터 원격수업 권고를 폐지했고, 지자체에서 학생들의 감염 상태에 따라 원격수업을 결정할 수 있도록 했다.

교육기관과 언론매체에서는 수업을 따라가기 힘들고 도움이 필요한 학생들이 원격수업으로 인해 학습에 더욱 어려움을 겪고 있다는 것을 모두 인정하고 있다. 원격수업이 학생에게 미친 영향은 다양하게 분석 · 보고되고 있다. 스웨덴 국가교육청, 교육감사청, 국민건강청, 교원노조 그리고 언론 기사들을 종합하면 그 영향은 다음과 같이 요약할 수 있다.

대면수업에서 큰 문제가 없었던 학생들 중 원격수업으로 학습체계가 흐트러지고 집중력이 떨어진 경우가 많다. 교육을 위한 물리적 환경이 조성되지 않으니 불안감이 증대되고 동기부여가 제대로 안 된다. 침대에 누워서 수업을 듣거나 아예 결석해버리기도 한다. 그리고 원격수업 경험이 없는 교사가 대면수업에서 하듯이 과제를 내주거나, 교과서를 읽게 하거나, 문제 풀이를 시키는 경우가 많다. 그러면 도움이 필요한 학생이 원격수업에서는 도움을 요청하기 어려워 내용을 이해하지 못해도 그냥 넘어간다. 대면수업의 경우 교사가 돌아가며 학생을 지도할 때 손을 들어 도움을 요청하기 쉬운데 원격수업에서는 다른 학생들에게 피해를 줄까 봐 질문하거나 도움 청하기가 어렵다.

그뿐만 아니라 옆자리 친구에게 모르는 것을 물어보거나 상의할 수도 없다. 특히 이해의 속도가 느리거나 장애 등으로 특별한 도움이 필요한 학생에게 원격수업은 치명적이다. 현장수업이나 실습이 많은 고등학교 직업프로그램(실업계)에 다니는 학생들에게는 원격수업이 이론 부분에 치우치고 실습은 영상을 보여주는 관람 수준이라 큰 문제가 되고 있다.

원격수업이 오랜 기간 지속되면서 학생들은 친구를 만나지 못하고 고립되어 정신적 어려움을 겪고 있다. '코로나 세대'라고 불리는 1020세대, 특히 고등학교 3학년의 경우 원격수업에 의한 학교 공백이 그들의 미래 노동시장과 대학교육에 어떤 영향을 미칠지 크게 우려된다고 했다.

이러한 문제점과는 달리 원격수업이 드물지만 오히려 학습효과를 높이는 경우가 있다고 한다. 대면수업에서 결석이 잦은 학생이 원격수업의 참여도가 높아지거나 컴퓨터나 전자기기를 좋아하는 학생들은 원격수업으로 오히려 수업에 더 흥미를 느낀다. 대면수업과는 달리 떠드는 학생이 없어 학습에 방해가 되지 않는다는 것도 주된 이유 중 하나다. 또 가정환경이 좋은 학생은 원격수업에서 오는 교육 결손을 메꾸기 위하여 사설 과외지도(Läxhjälp)를 받는 예도 있다고 보도되고 있다.

원격수업에 대한 교사들의 반응은 대체로 부정적이다. 학습에 큰 효과가 있는 토론이 원격수업에서는 불가능하다. 학생들이 수업을 잘 따라오는지, 심리적으로 건강한지 등을 원격수업에서는 알기가 어렵다. 학생들이 어떤 도움이 필요로 하는가를 알 수 없다는 것이 가장 큰 문제다. 요컨대 원격수업은 학생과 교사 사이에 원활한 소통을 어렵게 하기에 이런 문제들이 발생하는 것이다. 또한 교사들은 원격수업 때문에 학생들의 학습량이 현저하게 떨어지는 것에 우려를 나타내고 있다. 교사들은 학생 대부분이 원격수업을 매우 힘들어하는 점도 강조한다.

위 교육기관들과 언론매체들은 수업을 따라가기 힘들고 도움이 필요한 학생들이 원격수업으로 인해 더 힘들어졌다고 입을 모았다. 특히 식구가 많아 학습 환경이 좋지 않은 가정, 외국인 부모의 가정, 부모의 교육 정도가 낮은 가정, 고용 상태가 불안한 비정규직 또는 관광업에 종사하는 가정 그리고 디지털 지식이나 장비가 부족한 가정의 학생들에 있어서 원격수업의 부정적 영향이 더 크다고 분석한다.

원격수업이 미친 부정적 영향을 스웨덴 교육 담론에 비추어보면 크게 두 가지로 논의할 수 있다. 하나는 학생들의 사회 · 경제적 배경이 대면수업보다 원격수업에서 더 크게 영향을 미친다는 것이다. 사회 · 경제적 배경이 좋은 가정의 학생들은 원격수업과 대면수업의 차이가 크지 않았지만 그렇지 않은 학생들은 대면수업과 원격수업에서의 교육격차가 컸다. 이는 원격수업에서는 교사들이 도움이 필요한 학생들에게 제대로 도움을 주지 못하는 데에서 기인한다.

다른 하나는 이런 문제로 인해 원격수업이 스웨덴 교육목표의 정점인 교육평등(Likvärdighet)에 문제를 초래한다는 점이다. 즉 학교와 학교 사이, 학생과 학생 사이의 교육격차가 벌어지면서 스웨덴이 추구하는 교육평등과는 멀어지며 이는 미래에 더 큰 문제로 귀결될 것이다. 물론 이러한 현상이 새로운 것은 아니다. 문제는 사회 · 경제적 배경이 학업성취도에 미치는 영향이 원격수업으로 인하여 더 커졌고, 이 때문에 가정을 보완해야 하는 교육의 역할이 더 어려워졌다는 점이다.

교육격차가 커지는 이러한 상황에 대해 상반된 의견이 있다. 일부에서는 교육 결과, 즉 성적이 좋은 학생들에게 줄 재원을 가져와 교육 결과가 좋지 않은 학생들에게 도움을 주는 것은 바람직하지 않다고 주장한다. 반면에 교육법에 명시되어 있듯이 재원은 학생들의 필요에 따라 사용해야 하며 재원이 한정되어 있을 때는 교육이 가정을 보완하는 역할을 하기 위해서는 도움이 필요한 학생에게 더 많은 지원을 하는 것이 당연하고 그래야 공정하다고 주장하는 사람들도 있다.

전자는 주로 우파 논객이나 교장 등 자유학교 관리자 및 소유자들이며 후자는 주로 사민당에 호응하는 논객들이나 공립학교 옹호자들이다. 그러나 이런 논쟁을 넘어 거의 모든 사람이 학교 공백과 원격수업은 교육격차를 벌릴 뿐 아니라 정신건강에도 문제를 일으킨다는 데 동의하며 정부와 교육 당국의 대책이 필요하다고 주장하고 있다.

한국 역시 원격수업의 부정적 영향을 분석하고 논의하고 있다. 학력 격차 실태를 분석하기 위하여 서울시 382개 중학교를 전수 조사한 서울시교육청 산하 서울교육정책연구소 분석 결과는 다음과 같다. 코로나 사태로 인한 원격수업의 장기화로 서울 시내 중학교의 학업 성취도에서 중위권 학생이 크게 줄어 '학력 양극화' 현상이 심해진 것을 알 수 있다. 또 시민 단체 '사교육걱정없는세상'과 YTN의 공동조사는 서울, 광주, 전북 등 전국 8개 시도의 560개 중학교와 413개 고등학교에서도 이와 유사한 결과가 나타나고 있다는 것을 보여준다. 중학교에서는 상, 하위권이 동시에 늘어나는 '학력 양극화'가 심화했고, 고등학교에서는 중위권과 상위권이 줄고 하위권이 크게 늘어나는 '학력 저하' 현상이 나타나고 있다는 것이다. 이 조사에서는 이러한 학력 양극화와 학력 저하에 대한 정부의 시급한 대책이 필요하다고 주장했다.

한편 스웨덴 정부는 원격수업에 의한 학력 저하 및 학력 양극화 현상에 대한 발 빠른 대책을 내놓고 있다. 4월 15일 정기 '정부봄예산'에서 3억 5,000만 크로나(한화로 460억 원)를 교육에 추가로 배정하여 원격수업으로 인한 학습 결손과 교육격차를 학교 차원에서 '방학 중 학교(Lovskola)' 개설 등 여러 형태로 보완토록 했다. 물론 이것으로 코로나 세대의 교육 결손을 메우고 교육 불평등을 완화할 수 있을지는 두고 볼 일이다. 그러나 정부가 이렇게 즉각적이고 적극적으로 대처하는 것은 긍정적으로 평가할 만하다.

『오마이뉴스』 2021년 4월 27일

주식 시장에 흘러간 교육비

개인과 법인에 의해 운영되는 스웨덴의 자유
학교는 이익을 창출한다. 일부 자유학교 기업은 주식회사로, 주주에
게 일 년에 수백억에 달하는 이익금을 배당하고 있다. 스웨덴의 모든
교육은 무상이고 자유학교도 공립학교와 마찬가지로 공공재원인 세
금으로 운영된다. 그런데 어떻게 주식회사가 교육시장에 뛰어들고 이
익을 창출하여 주주에게 배당하는 것이 가능해졌을까?

스웨덴은 1992년 전격적으로 '학교선택제'를 도입했다. 1980년대
영국 총리 대처와 미국 대통령 레이건의 영향으로 미국과 유럽을 휩
쓴 우파 바람 때문에, 스웨덴은 1991년 그야말로 오랜만에 보수당을
중심으로 한 우파가 집권했다. 우파 정권은 전격적으로 신자유주의
정책을 도입했고, '학교선택제'는 이 정권의 대표적 산물로 자리 잡
았다.

학교선택제 도입은 간단히 얘기하면 '교육을 시장화'한 것 또는 '교육에 시장원리를 도입한 것'으로 경쟁이라는 메커니즘을 통하여 교육 효과, 즉 성적을 높인다는 논리다. 학생들을 유치하기 위해 학교는 서로 경쟁하고, 이 경쟁에 이기기 위하여 교사들은 자신의 교수 방법을 되돌아보고 아이들을 잘 가르쳐 학교 성적을 올린다.

이는 다시 학생들 유치에 강점으로 작용해 인기 있는 학교 또는 좋은 학교로 자리매김한다. 그러나 경쟁에서 살아남지 못하는 학교는 도태되어 퇴출당한다. 이런 시장 메커니즘을 통하여 국가 전체의 교육 수준을 높일 수 있다는 것이다.

우파 정권은 학교선택제를 실질적이고 쉽게 하기 위해 '자유학교(Fristående skola)' 제도를 도입했다. 자유학교는 지자체가 운영하는 공립학교와 달리 개인, 재단, 법인(주식회사) 등이 요건을 갖추어 허가를 받아 학교를 신설하거나 기존의 학교를 매입하여 운영하는 학교다. 국가기관으로부터 어느 정도 자유롭다 보니 초기엔 자율학교로 불렸으나, 지금은 아예 자유학교로 불리고 있다.

자유학교의 정착으로 인하여 학부모와 학생들은 공립학교 외의 선택지를 가질 수 있게 되었다. 학교선택제는 전국으로 확대되어 이론적으로는 전국 어느 학교든 선택할 수 있게 되었다.

자유학교는 공립학교와 마찬가지로 세금으로 운영되며 무상 교육을 실시하고 있다. 자유학교의 재정은 학생들로부터 나온다. 각 지자체는 학생 한 명당 '교육지원금(Skolpeng)'을 산정한다. 교육지원금은 학생 한 명당 책정된 기본지원금과 특별한 지원이 필요한 학생들에게 주는 특별지원금을 더한 금액이다. 이렇게 산정된 교육지원금은 학생이 학교를 선택할 때 따라다닌다. 학생이 자유학교든, 공립학교든 선택하게 되면 그 학교가 어느 지역에 있든 관계없이 그 학생의 원적 지자체가 자유학교나 다른 지자체에 이 교육지원금을 지불한다.

지자체마다 학생 한 명당 지급하는 교육지원금이 조금씩 다르지만, 평균적으로 2019년 초등·중학교 학생 한 명당 1년 평균 비용은 11만 8,500크로나(kr), 한화로 약 1,500만 원이 넘는다. 학생 수에 따라 학교재정 규모가 결정되기에 모든 학교는 정원 내에서 최대한 많은 학생을 유치하려고 하고, 특히 자유학교는 더 많은 학생을 유치해서 학교를 계속 확장하려고 한다.

학교선택제는 30년의 역사를 가지고 있으며, 당국에서는 학기 초가 되면 학부모에게 주거지에서 가장 가까운 공립학교라도 선택하도록 설득에 나선다. 물론 학교를 선택하지 않을 경우, 주거지에서 가장 가까운 학교로 배당된다. 초등학교 수준에서는 주거지에서 가장 가까운 학교가 아닌 공립학교나 자유학교를 선택하는 비율이 그렇게 높지 않지만, 중·고등학교로 진학할 때는 주거지와 관계없이 학교를 선택하는 비율이 높아진다.

2019~2020년 현재 전국 초등·중학교의 경우, 자유학교에 다니는 학생 비율은 전체의 약 15%이고, 고등학교 수준에서는 28% 정도다. 상당한 비율의 학생이 자유학교에 다니고, 학교선택제가 도입된 이후 이 비율은 지속해서 증가하고 있다. 또 자유학교에 다니는 학생 비율은 학생 수가 많은 대도시에서 높아, 일종의 '대도시 현상'이라고도

할 수 있다.

학교선택제는 많은 문제점을 안고 있다. 그중 하나는 학교 선택으로 인하여 동기 부여가 잘 된 학생과 그렇지 않은 학생, 사회·경제적 배경이 좋은 학생과 그렇지 않은 학생, 스웨덴 학생과 외국 배경을 가진 학생들 사이의 분리 현상(Segregation)이다.

물론 주거지 분리 현상이 가장 큰 원인이지만, 최근의 평등교육 정부연구조사위원회(Likvärdighetsutredningen, 아래 평등교육위원회)는 분리 현상의 3분의 1은 학교선택제 때문이며, 학교선택제가 분리 현상을 심화시켰다는 조사 결과를 발표했다. 그래서 스웨덴인만으로 구성된 학교가 생겼는가 하면 전체가 외국인 또는 중동 배경의 학생들로 구성된 학교도 많아졌다. 그뿐만 아니라 학교선택제로 인하여 학교 사이의 평균 성적의 격차가 커지고 있다.

또 다른 문제는 학생들이 몰리는 인기 있는 학교에서의 학생 선발 문제다. 초등·중학교 차원에서 성적에 의한 학생 선발은 교육법으로 금지되어 있다. 선발 기준은 대체로 입학하기 위해 대기한 기간과 형제가 다니고 있는지 여부를 선발기준으로 삼는데, 교육열이 높고 정보력이 강한 학부모들은 자녀가 출생함과 동시에 줄을 서기 시작하기에 큰 부작용을 낳고 있다. 평등교육위원회는 모든 학교가 같은 날 선발하고 입학을 신청한 학생의 수가 정원을 초과할 경우 추첨으로 선발할 것을 제안했다.

그러나 사회적으로 가장 큰 공분을 사고 있는 학교선택제의 문제는 증권시장에 상장된 주식회사 형태의 교육기업 출현이다. 이들 교육기업은 새로운 교수 방법 등을 내세우며 공립학교와 경쟁하여 학생들을 유치하고, 이익 창출을 중요시한다. 그러나 교육의 질을 담보하지 못하여 파산하는 교육기업도 있다.

예를 들어 존 바우어 고등학교(John Bauer Gymnasiet)는 2000년에 설립되어 2013년에 파산한 교육기업으로, 2013년 파산 당시 전국적으로 20여 지역 30개 고등학교에 1만 500명의 학생이 다니고 있었다. 세금으로 지급되는 교육지원금 덕분에 부자가 되었다는 설립자는 질이 나쁜 교육으로 언론과 교육감사청으로부터 많은 비판을 받아오다 결국 일부 학교는 다른 교육기업에 팔고 나머지는 폐쇄했다. 폐쇄된 학교의 학생들은 졸지에 다른 공립학교로 전학을 가야만 했다.

파산하지 않고 매년 수십, 수백억 원의 이익금을 주주에게 배당하는 교육기업도 많다. 최근 코로나 19 사태로 스웨덴 경제가 마이너스를 기록하고 국가적으로 큰 어려움에 봉착해 있음에도, 이들 교육기업은 학교라는 안정된 시장에서 큰 수익을 창출하고, 2020년 12월 주주에게 거대한 이익금을 배당하여 많은 이들의 공분을 샀다. 대표적인 두 교육기업을 예로 들어보자.

하나는 국제영어학교(IES)다. 현재 전국에 초등·중학교 45개와 고등학교 한 개를 보유하고 있으며, 약 3만 명의 학생이 재적 중이다. IES는 스웨덴에서 5위 안에 드는 큰 교육기업으로 2020년엔 전년도보다 14% 더 많은 2억 4,600만 kr(한화 약 320억 원)을 주주에게 배당했다.

다른 하나는 아카데메디아(AcadeMedia)로 전국에 유·초·중·

고등학교 학생 8만 명과 성인교육 학생 10만 명을 보유한 스웨덴 최대의 교육기업이다. 노르웨이와 독일에도 학교를 보유하고 있으며, 2020년에는 전년도보다 20% 더 많은 1억 5,800만 kr(한화 약 205억 원)을 주주에게 배당했다.

이러한 주식 배당에 대해 스웨덴 의회 교육상임위원회 사회민주노동당(아래 사민당) 위원장 스반토르프(Svantorp)는 "이 돈은 주주에게 배당될 것이 아니라 교육을 위해 사용되어야 하며 학교에 남아 있어야 한다", "공공재원인 세금으로 교육을 하는데 낮은 교사 비율이나 정규 교사를 채용하지 않아 이익을 남기고 이를 주주에게 배당하는 건 큰 문제"라고 비판했다. 이런 비판에 대해 국제영어학교와 아카데메디아 총수들은 "위험을 무릅쓰고 교육에 투자하는 사람들에게 이익을 배당하는 게 당연하지 않냐"라고 반격했다.

평등교육위원회도 이익배당을 문제 삼으며 '자유학교에 지불하는 교육지원금을 현재 공립학교와 똑같은 수준으로 지불할 것이 아니라 공립학교보다 10%까지 낮게 지불해야 한다'고 제안했다. 이유는 공립학교는 자유학교에 만족하지 못하여 돌아오는 학생, 이민·난민 학생, 학기 중 이사 오는 학생, 자유학교 파산으로 돌아오는 학생들 모두를 받아들여야 해서 비용이 많이 든다는 것이다.

반면 자유학교총연합, 스웨덴경제인연합, 자유학교 기업들은 이 제안이 실현되면 교육 분야의 새로운 투자, 확장이나 발전이 저해된다며 강하게 반대하고 있다.

스웨덴은 학교선택제로 인해 거대한 교육기업이 출현하고, 학생에게 돌아가야 할 교육재정이 주주의 이익배당금으로 학교 밖으로 새어 나가는 데도 속수무책, 진퇴양난에 빠져있다.

그럼 자유학교는 어떻게 해서 이렇게 막대한 이익을 창출할까? 스웨덴 '의회조사실(Riksdagens utredningstjänst)'의 통계 조사에 의하면, 자유학교는 크게 세 가지 방법으로 이익을 창출하고 있다.

첫째, 자유학교는 공립학교보다 교사 한 명당 학생 수가 약 2.2명이 더 많다.

둘째, 자유학교는 공립학교에 비해 교사 봉급이 낮다. 초등 · 중학교 교사는 월평균 1,100 kr(14만 원), 고등학교 교사는 2,500 kr(33만 원), 실업계 교사는 3,000 kr(39만 원), 초등 · 중학교 교장은 1,200 kr(16만 원), 유치원 원장은 무려 6,900 kr(90만 원)이나 낮다.

셋째, 교사의 교육 정도도 차이가 있다. 자유학교 교사 중 교사자격증을 가진 비율이 공립학교 교사들보다 12~14% 정도 낮다. 결국 자유학교는 정교사가 아닌 교사 또는 외국 교사자격증을 가진 교사를 채용하고, 교사들에게 낮은 봉급을 지급하며, 교사 한 명당 학생 수를 높여 비용을 절감하여 이익을 창출하고 그 이익을 주주에게 배당하는 것이다.

그렇다면 자유학교의 교육 질이 공립학교보다 낮지 않을까? 학생들의 성적은 어떤가? 자유학교 학생들의 평균 성적은 공립학교 학생들의 평균 성적보다 조금 높다. 그 이유는 자유학교가 교육을 잘해서 성적이 높아졌다는 가치 부가(Value-added) 현상이라기보다, 처음부터 교육열이 높고 동기 부여가 잘 된 학생들이 자유학교를 선택하기 때문이라는 연구 결과가 많다. 나아가 동기 부여가 잘 된 학생들은 대체로 학교생활에도 문제가 적어 학교비용을 더욱 절감할 수 있다.

1991년 우파가 집권하여 1992년 학교선택제를 도입할 때 사민당은 모든 학교가 좋은 학교가 되면 학교를 선택할 필요가 없다며, 재집권하면 학교선택제를 폐지하겠다고 했다. 그러나 사민당은 아직도 학교선택제를 폐지하지 못했고, 그동안 거대 교육기업들이 속속 출현하여 이익을 창출하고 그 이익을 주주에게 배당하기에 이르렀다.

사민당은 무슨 일이 있어도 학생들을 위하여 사용되어야 하는 돈이 외부로 나가는 것을 막겠다고 했지만, 여전히 막지 못하고 있다. 세금으로 지원되는 돈이 주주에게 배당되는 것을 막고 학생들을 위해 쓰이도록 하려면 교육기업이나 이익 배당을 금지하거나, 학교선택제를 폐지하고 자유학교를 매입하는 법을 제정해야 한다.

그러나 자본주의 사회에서 불법이 아닌 경제활동을 제재하기는 쉽지 않다. 스웨덴의 학교선택제는 그야말로 어떻게도 할 수 없는 진퇴양난에 빠져있다.

『오마이뉴스』 2021년 1월 30일

학교선택제와 교육평등 사이의
스웨덴 교육

　　1990년대 초 스웨덴에서는 미래에 크게 영향을 미칠 교육 개혁이 이뤄졌다. 그 하나는 사민당 정부에 의한 교육의 지방자치단체(지자체)로의 이양이다. 그때까지 교육은 국가 차원의 업무였지만 1990~91년 개혁으로 교육은 290개의 지자체로 이양되고 이와 함께 교직원도 지방공무원이 되었다. 이 개혁으로 인해 중앙정부는 교육법과 교육과정 등을 통해 교육의 목표와 방향을 제시하고 지자체는 교직원, 학교시설, 예산 등을 활용하여 국가차원의 교육과정에 따라 교육을 하며 교육목표를 달성하는 지방분권적 역할 분담이 이뤄진 것이다.

　　다른 하나는 1991년 선거에서 정권을 획득한 보수 · 우파 정부가 1992년에 전격적으로 도입한 학교선택제(School Choice)다. 전자가 교육은 학생, 학부모, 교직원 등 교육주체에 가까이 있는 지자체가 교육을 책임져야 한다는 민주주의 원칙에 의한 개혁이라면 후자는 선택의 자유를 극대화하기 위한 전형적인 우파 이념에 의한 개혁이다.

학교선택제 도입은 스웨덴 교육에 엄청난 지각변동을 가져왔다. 당시만 해도 공립학교만 있었던 스웨덴에 학교선택의 기회를 확대하기 위하여 누구든 일정 요건만 갖추면 학교를 설립할 수 있게 했다. 기업, 재단, 조합, 개인 등이 학교를 설립했고 이렇게 설립된 학교는 지자체의 간섭을 크게 받지 않는다고 해서 자율학교(Fristående skola, 미국의 Charter school과 유사)라 불렸다. 이런 자율학교는 학생들이 집중해 있는 대도시를 중심으로 빠르게 확산되었다.

2018/19년 현재 자율학교에 다니는 학생 수는 전체 학생 수의 약 20%에 달하며 학교급별로는 유아학교(어린이집과 유치원)의 경우 20%, 기초학교(초등·중학교)의 경우 15%, 고등학교의 경우는 27% 학생이 자율학교 소속이다.

대다수 자율학교(90%)는 하나의 학교 형태지만 일부 소수는 수십 개의 학교를 거느린 기업형 자율학교다. 기업이 학교시장에 뛰어들면서 수십 개의 자율학교를 소유하는 주식회사가 되었고 이윤을 남겨 주주에게 배당하기까지 한다. 즉, 국민의 세금으로 운영되는 교육에 이윤을 남겨 주주에게 나눠주는 것이다. 학교선택제는 이와 같이 교육에 시장을 끌어들여 경쟁을 유발한 제도다.

자율학교는 유아학교, 기초학교, 고등학교 등 모든 차원에서 설립할 수 있고 공립학교와 똑같이 국가교육과정에 따라 교육을 해야 하며 세금으로 운영된다. 즉, 부모로부터 수업료나 학교 운영비 등을 받아서는 안 된다.

　기초학교의 경우 일부 자율학교는 수학, 영어, 체육 또는 교수학습 방법 등을 특화했다고 표방하지만 공립학교와의 차이가 미미하다. 18개의 프로그램(6개는 대학준비프로그램, 12개는 직업프로그램)으로 운영되는 고등학교의 경우, 공립 고등학교보다 더욱 소수의 대학준비프로그램 또는 직업프로그램에 집중하여 특화 또는 특성화한 자율고등학교가 있다.

　자율학교는 일종의 엘리트 학교인가? 그렇지 않다. 학교선택제로 인하여 학생들이 몰려드는 인기 있는 자율학교가 있다. 물론 공립학교에도 인기 있는 학교가 있다. 모든 학교가 똑같은 조건에서 경쟁을 통해 학생들을 유치하려고 한다. 특히 대도시의 고등학교에서는 입학 경쟁이 아주 치열한 공립학교와 자율학교가 있다. 학부모와 학생의 입장에서 보면 자율학교의 탄생으로 한 지자체 내에서 공립학교와 자율학교, 나아가 지자체의 경계를 넘어서도 학교를 선택할 수 있게 된 것이다.

　학교선택제가 가져온 가장 큰 문제 중 하나는 교육격차(성적 차이)에 의한 '분리 현상(Segregation)'이다. 학습에 동기 부여가 잘 된 학생과 그 학부모들은 공립학교든 자율학교든 상관없이 특정 학교에 모이게 되고 그에 따라 그 학교의 평균 학력은 높아진다. 한편 학습동기 부여가 잘 되어 있지 않은 학생들은 경쟁이 치열한 학교를 선택하지 못하고 경쟁이 치열하지 못한 학교에 남게 되어 평균학력이 낮아진다. 결국 이 때문에 학교 간 교육격차가 커지는 분리 현상이 생기게

된 것이다.

분리 현상은 학교선택제 때문에 심화된 현상이라고 볼 수 있다. 즉 학교선택제가 도입되기 전에도 분리 현상은 존재했다. 하지만 이때는 주로 '주거지역의 분리 현상(Boendesegregation)'에 의한 것이었다. 서울의 강남지역과 같이 상위계층이 사는 지역과 그렇지 않은 지역 사이의 분리 현상이고 그로 인한 교육격차도 존재했다.

그럼에도 불구하고 전통적으로 교육격차가 작았던 스웨덴에서 학교선택제로 인해 가중된 분리 현상은 스웨덴 교육이 직면한 큰 도전 중 하나이다. 스웨덴 정부연구조사위원회의 보고서나 다른 많은 연구보고서 그리고 심지어 OECD의 국제학업성취도평가(PISA)까지 지난 수십 년간 스웨덴의 학생, 학교 및 지자체 간의 교육격차가 커져 왔다고 분석하며 학교선택제가 그 원인 중 하나라고 지적했다.

교육격차에 따른 분리 현상은 크게 두 가지 측면에서 그 원인이 논의되고 있다. 하나는 학생들의 사회·경제적 배경이며 다른 하나는 학생들의 출생국가 또는 이민 배경이다.

사회·경제적 배경이 좋은 학생들이 다수인 학교와 그렇지 못한 학생들이 다수인 학교, 또 완전히 스웨덴 부모 배경의 학생이 다수인 학교와 중도입국 학생 또는 양부모가 외국에서 태어나 이민한 부모의 학생이 다수인 학교로 분리되는 현상이 뚜렷해졌고 이러한 분리 현상이 학생들의 교육 결과에 영향을 미치며 학생, 학교 및 지자체 간 교육격차가 커졌다는 것이다.

교육격차에 대한 강한 문제제기는 반대로 배경이 다양한 학생들이

섞여 공부하며 학교 간 교육격차가 작은 교육체제가 바람직하다는 것에 대다수가 동의한다는 점에서 출발한다. 즉, 다양한 배경의 학생들이 학교에서 만나 서로 협력하고 이해하면서 공부할 때 좋은 교육이 되고 그런 학교에서 자란 학생들이 사회에 진출할 때 그 사회는 계층 간 갈등이 적은 사회가 된다는 것이다.

이것이 바로 교육의 사회적 역할이라고 좌우 이념을 떠나 모든 정당이 동의해왔다. 스웨덴은 교육에 있어서 평등철학이 강하게 작용하고 있다. 이런 배경에서 스웨덴에 공부 잘하는 학생을 선별하는 한국의 특목고 같은 엘리트학교 제도가 없는 이유를 이해할 수 있다.

스웨덴 학교의 교육격차를 줄이기 위하여 지난 2년간 활동해온 정부연구조사위원회는 지난 4월 27일 「더욱 평등한 학교 – 줄어든 학교분리 현상과 더 좋은 교육재원 배분」이라는 연구조사 결과를 교육부에 제출했다. 위원회의 제안을 3가지로 요약하면 아래와 같다.

첫째, 위원회는 학교선택제에서 학생선발제도를 개선하는 데 초점을 두었다. 학교선택제는 지금과 같이 계속 유지하되, 만약 학부모와 학생이 특정 학교를 선택하지 않으면 현재와 같이 가장 가까운 공립학교에 배치한다. 입학을 신청한 학생의 수가 정원을 초과할 경우 이제까지는 '줄 선 기간'이 길거나 같은 소속의 초등학교나 유아학교에 다닌 학생에게 우선권을 주었는데 위원회는 이 조건들의 폐지를 제안했다.

대신 형제 및 등거리 우선과 다양한 사회적 배경의 학생 혼합을 가능하게 하는 할당제와 추첨 방식을 제안했다. 또한 국가교육청과 지자체가 다양한 배경의 학생이 함께 지낼 수 있도록 학생선발에 관여해야 한다고 했다. 특히 줄 선 기간 우선 제도를 폐지한 것은 일부 학부모가 자녀가 태어나자마자 인기 있는 학교에 줄을 서는 폐단을 없애기 위해서다.

이에 대하여 자율학교전국협의회(Friskolornas riksförbund)와 보수당(M), 기독교민주당(KD), 스웨덴민주당(SD) 등 우파 정당들은 위원회의 이 제안이 교육격차에 의한 분리 현상 개선에 전혀 도움이 되지 않으면서 사실상 학교선택제를 폐지하는 것과 같다며 크게 반대했다. 이들은 "부모의 선택 대신 정치인이나 관료가 학교를 배당한다고 분리 현상이 해결되느냐", "스웨덴 학교는 어느 학생이 어느 학교에 다니는 것이 문제(즉, 학교선택제)가 아니라 질 낮은 학교가 너무 많은 게 문제"라고 지적했다.

둘째, 위원회는 교육재정 배분방식의 개선을 제안했다. 공립학교와 자율학교는 책임부터 다른 것을 지적했다. 예를 들어 공립학교는 학교에서 가장 가까운 학생, 자율학교에서 다시 돌아오는 학생, 이민학생·중도입국 학생, 자율학교가 받아주지 않는 일부 장애 학생 등 모든 학생의 자리를 준비해야 하므로 정원수만 받아들이는 자율학교보다 비용이 많이 든다는 것이다. 그래서 공립학교가 더 많은 재원을 받는 것은 당연하다고 했다.

이에 대해서도 자율학교전국협의회와 우파정당들은 지금도 앞서 지적한 이유로 공립학교는 더 많은 예산을 청구할 수 있는데 아예 처음부터 차등 배분하는 것은 자율학교에 가야 할 예산을 줄이기 위한 것이라며 강한 어조로 비판했다. 자율학교의 예산을 줄이는 방법으로 어떻게 교육격차와 분리 현상을 줄일 것인지 이해할 수 없다고 했다. 나아가 학교 분리 현상의 가장 직접적 원인이 주거지역의 분리 때문인데 이 문제에 대해선 아무런 개선책도 없이 학생선발에서 등거리 원칙을 강조하면 학교 분리 현상은 더 심화할 것이라며 위원회의 제안을 비판했다.

셋째, 위원회는 현재 중앙 정부 차원과 290개의 지자체가 교육을 전담하는 교육의 지방분권화와 역할분담에 문제를 제기하며 그 중간인 21개의 광역시·도에 교육행정기관 설치를 제안했다. 국가교육청이 광역시·도에 하부 기관을 신설하여, 이 차원에서 지자체 간 교육 협력을 가능하게 하고 국가와 지자체 사이의 가교역할을 해야 한다고 주장했다. 뿐만 아니라 국가교육청의 이 새로운 중간 조직은 유·초·중등 교육과 대학과의 연계를 통해 교육의 질을 높이고 교육 결과가 좋지 않은 학교들의 문제점을 분석하고 그에 대한 대책을 강구해야 한다고 했다. 이에 대해서도 위 비판가들은 교육 관료조직을 더 만든다고 교육격차가 해소되고 분리 현상이 적어지느냐며 냉소적인 반응을 보였다.

위에 언급한 3가지 제안 외에도 위원회는 특별 분야에 예산을 편성하여 사업을 하게 하는 특별교부금 제도를 완전히 폐지하고 교육 부문 예산으로 전용하는 제안과 교육에서의 국가의 역할을 확대해야 한다는 주장을 폈다. 또한 위원회는 국가의 더 큰 역할에 대해선 앞으로 많은 연구가 필요하다고 했다.

스웨덴 정책 결정 과정의 관점에서 보면 현 위원회 제안은 위원회 설치와 연구조사 활동 다음에 오는 것이다. 이 위원회 제안 다음 단계로는 위원회 제안을 각계각층에 의견을 묻는 의견수렴 제도가 있다. 정부는 이 의견수렴 단계를 거쳐 최종적으로 정부안을 만들어 의회에 제출하여 의회의 승인을 받아 기존의 법을 개정하거나 새로운 법을 제정하게 된다. 현 위원회가 설치되고 연구조사를 통해 보고서까지 제출하는 데 2년이 걸렸는데 앞으로 의회의 승인까지는 1년이 더 남았다. 이와 같이 스웨덴의 정책 결정 과정은 정부연구조사위원회 제도와 의견수렴 제도를 거치면서 긴 시간이 걸리지만 탄탄한 민주주의 원칙에 의거하여 이뤄지며 이런 정책 결정 과정 덕택에 이념, 정당, 사회단체 사이의 많은 정치적 갈등이 해소된다.

위원회의 보고서를 받은 사민당 교육부 장관은 "학교선택제는 학생들이 열심히 공부하여 성공하는 것보다 어느 학교에 다니느냐에 따라 삶의 기회가 달라지게 설계되어있다", "학부모들은 자녀가 좋은 학교에 다니기를 원하지만 동시에 통합된 사회에서 자라기를 원한다", "여러 배경의 아이들이 학교에서 만나지 않으면 나중에 사회 전체에 더 큰 문제가 발생한다"는 원론적이지만 위원회의 결론과 일치하는 견해를 밝히며 각계각층의 의견을 듣고 정부안을 만들겠다고 했다.

위에서 언급했듯이 자율학교전국협의회와 보수당, 기독교민주당, 스웨덴민주당 등 우파정당들은 위원회의 제안은 교육격차와 분리 현상을 줄여 교육평등을 가져오지도 않으며 학교선택제를 사실상 폐지하는 제안이라고 강하게 비판했다. 반면에 사민당보다 좌측에 있는 좌익당(V)은 아예 학교선택제를 폐지할 것을 주장하고 있다. 현 사민당-환경당 연합정권의 지원당인 자유당(L)은 위원회의 제안에 대체로 찬성하고 있으며 중앙당(C)은 의견수렴 결과를 보고 당의 견해를 발표하겠다고 했다.

지난 40년 동안 시행해 온 학교선택제에 교육평등의 이름으로 제재를 가하는 것은 교육 권력이 정보력이 강한 학부모로부터 지자체와 국가 행정기관으로 옮겨가는 것을 의미한다. 이는 스웨덴 교육에서 가장 갈등 수위가 높은 학교선택제와 교육평등에 대한 투쟁이며 이 투쟁은 이념, 정당, 공공기관과 자율학교 사이에서 계속 이어질 것이다. 현 사민당 주도 정권이 앞으로 학교선택제를 어떻게 개혁하여 교육평등을 이룰 것인지 기대된다.

『오마이뉴스』 2020년 5월 13일

제2의 기회로 길러내는 스웨덴 성인교육

스웨덴 교육의 특징 중 하나는 모든 교육은 무상이며 누구나 원하면 언제든 교육을 받을 수 있다는 것이다. 공민학교나 여러 사회단체의 교육 기관들은 정규교육 체제 밖에 있는 성인교육 기관들로, 1800년대 중반 이후 스웨덴 근대화와 역사를 같이하며 발전해왔다. 이들 교육 기관들은 정규학교와 마찬가지로 매년 막대한 예산을 국가로부터 받으며 성인들에게 제2의 교육 기회를 제공하고 있다.

이 글에서 다룰 '지자체 성인교육(Komvux)'은 스웨덴 정규교육 체제 내에 있으면서 제2의 교육 기회를 제공하고 있다. 즉 원하는 모든 시민에게 언제든지 필요한 교육을 제공함으로써 교육은 '걸러내는' 것이 아닌 '길러내는' 것임을 보여주는 사례라 할 수 있다. 그런 점에서 스웨덴 지자체 성인교육은 정규교육 체제 밖에 있는 한국의 평생교육(성인교육)과 다문화 교육에 주는 시사점이 크다.

Komvux는 'Kommunal vuxenutbildning'의 축약으로 '지자체 성인교육'이란 뜻이다. 스웨덴 교육법(제20장)에는 지자체 성인교육의 목적은 성인들의 배움을 독려하고 지원하는 것으로 되어있다. 즉, 직장 및 사회생활에서 성인들이 자신의 위치를 공고히 하고 발전할 수 있도록 지식과 역량을 제공하는 것이다. 또 한편 나아가 고등학교 및 대학에서 계속해서 공부할 수 있는 기틀을 마련하는 것을 목적으로 한다.

지자체 성인교육은 스웨덴에 거주하는 만 19세 이상의 모든 성인에게 열려있으며 기초학교(초등 · 중학교) 수준, 고등학교 수준 그리고 이민자를 위한 스웨덴어(SFI) 과정이 있다. 이민자를 위한 스웨덴어 과정은 하나의 학교 형태로 따로 존재했으나 2012년 지자체 성인교육에 편입되었다.

스웨덴의 성인교육은 여러 형태로 존재해왔다. 다양한 공부모임 (Studie cirkel), 공민학교(Folkhögskola) 또는 사회단체 교육기관 (Studieförbund)들에 의하여 실시된 초기 성인교육은 1800년대 중반부터 스웨덴 근대화와 궤를 같이하며 오늘날까지 성인교육의 일역을 담당하고 있다.

그러나 제2차 세계대전 이후 스웨덴 경제는 양질의 노동력 수급이 절실했으며 이에 국가가 주도하는 성인교육의 필요성이 커졌다. 1967년 의회 결정에 따라 1968년부터 초, 중, 고등학교와 나란히 정규교육 체제 내에 '지자체 성인교육'이 설립되었다.

설립 당시의 교육 목적은 위 교육법에서 언급한 것과는 달리 세대 간 교육격차 해소, 성인의 문화생활 참여, 양질의 노동력 확보 등이었다. 특히 마지막 목적인 양질의 노동력 확보에 초점을 두고 고등학교 수준의 성인교육을 중시하였다.

1968년 설립 이후 지자체 성인교육에 참여하는 수는 국가 정책에 따라 오르내렸지만 2000년도 중반 이후부터는 지속적으로 팽창해왔다. 지자체 성인교육은 학기 중 언제든지 신청하여 참여할 수 있으며 대체로 지자체의 학교들과 연계하여 운영하고 있다. 일부 지자체는 성인교육 프로그램 일부를 사설 교육기관에서 구매해 운영하고 있다.

스웨덴 국가교육청(Skolverket)이 정리한 통계에 의하면 2019년 스웨덴에서는 약 38만 7천 명의 학생이 지자체 성인학교에 참가하고 있다. 이 중 7만 5천7백 명이 기초학교 수준, 21만 6천 명이 고등학교 수준의 성인교육을 받고 있다. 이민자를 위한 스웨덴어 과정에는 약 13만 3천 명이 참여하고 있다.

스웨덴 한 학년의 학생 수가 10만여 명, 고등학교 전체 학생 수가 약 35만여 명이니 지자체 성인교육 학생 수는 전체 고등학교 학생 수보다 많고 고등학교 수준의 성인교육도 전체 고등학교 학생 수의 62%나 된다.

기초학교 수준의 성인교육은 초등·중학교를 졸업하지 않았거나 그 수준에 미치지 못하는 성인에 대한 교육으로 현재 참여자의 96%는 외국 출생 학생들이다. 초등·중학교 수준의 스웨덴어, 영어, 수학, 자연과학, 사회과학 등의 교육을 제공한다.

고등학교 수준의 성인교육에 참가하는 외국 출생 학생들은 전체의 43%다. 고등학교 교육 전반을 수강하여 졸업하거나 고등학교에서 이수하지 못한 일부 수업을 수강할 수 있다.

고등학교 수준의 성인교육을 받는 스웨덴 학생들이 전체의 절반 이상을 차지하는 이유는 스웨덴 고등학교 학생 중 약 20~25% 정도가 취업, 진로 변경, 질환, 가정 문제 또는 다른 사회적 문제로 중도탈락하거나 일부 과목을 이수하지 않고 졸업하기 때문이다.

이들 중도탈락자는 성인이 되어 다시 지자체 성인교육을 통하여 필수 과목을 이수하여 대학에 진학하거나 취업한다. 아예 고등학교에 다니지 않은 기성세대나 외국 출생 학생들에게는 고등학교 졸업 인정 교육을 제공한다.

13만 3천 명이 참여하는 이민자를 위한 스웨덴어 과정은 초, 중, 고급 3단계에 다시 초급은 A, B, C, D, 중급은 B, C, D, 고급은 C, D 수준으로 편성하여 이민자들의 스웨덴 사회 정착에 필수적인 스웨덴어 교육을 제공한다. 수강자 대다수는 시리아, 에티오피아, 소말리아 등에서 온 난민들이다. 2016년 한 해 이민자의 숫자가 15만 명이 넘고 그 전후로도 계속 연간 10만 명 이상의 이민자가 유입되었다.

지자체 성인교육에 참여하는 학생들의 평균 연령은 기초학교 수준은 34세, 고등학교 수준은 30세, 이민자를 위한 스웨덴어 과정은 36세이다. 여성의 참여율이 남성보다 높으며 기초학교와 고등학교 수준의 여성 비율은 약 60%, 이민자를 위한 스웨덴어에서의 여성 비율은 57%다.

지자체 성인교육은 초, 중, 고등학교와 같은 수준에서 교육하며 시험 등의 평가를 거쳐 성적을 제공한다. 2019년 통계에 의하면 기초학교 수준의 교육 참여자 중 73%는 수강 과목을 이수, 16%는 중도탈락, 11%는 그다음 해에 재수강했다. 이수한 학생 중 89%는 A에서 E 성적을 받았고 11%는 낙제(F) 성적을 받았다. 최고 성적인 A를 받은 학생은 A에서 E 성적을 받은 학생 중 4%였다.

고등학교 수준에서는 기초학교와 비슷한 수준의 72%가 수강 과목을 이수, 16%는 중도탈락 그리고 나머지 12%는 그다음 해에 재수강했다. 이수한 학생 중 89%는 A에서 E 성적, 11%는 낙제 성적을 받아 기초학교와 같았으나 A를 받은 학생은 9%로 기초학교보다 높았다.

지자체 성인교육 후 대부분은 대학에 진학하거나 취업한다. 이론 과목을 중심으로 수강한 학생 중 1년 이내 대학을 진학한 비율은 20% 정도이고, 직업 과목을 적어도 1년 이상 수강한 학생이 1년 이내 취업한 비율은 62% 정도다. 취업자 중 '돌봄' 프로그램을 공부한 학생들의 취업률이 69%로 가장 높았다. 2년 이내 취업한 비율은 67%로 시간이 갈수록 취업 성공률도 높았다. 이민자를 위한 스웨덴어를 이수한 학생 중 1년 이내 취업한 학생은 23%이며 31%는 언어 공부 후 계속해서 기초학교 또는 고등학교 수준의 성인교육으로 진학했다.

최근 스웨덴 교육부 장관은 앞으로 지역사회에 필요한 역량을 더 제공하고, 개인의 교육 필요를 가장 우선시하며 고등학교 수준의 성인교육에 초점을 두는 지자체 성인교육으로 발전시키겠다고 했다. 특히 이민자들의 사회통합과 개인과 사회에 필요한 역량 제공을 강화하겠다고 천명했다.

스웨덴에 매년 약 40만 명에 가까운 학생들이 다니는 성인교육 제도가 없어진다면 어떻게 될까? 이런 제도가 없는 사회에서 초, 중, 고등학교에 다니다 중도탈락하면 어떻게 될까? 스웨덴의 경우 난민, 이민자가 많아 이들을 위한 스웨덴어 교육과 기초 및 고등학교 수준의 성인교육이 필수적이겠지만 적지 않은 사람들은 이런 성인교육을 사회적 낭비로 여길 수 있다. 초, 중, 고 교육을 제때 이수했다면 이런 제도가 필요 없다는 논리다. 일리가 있어 보인다.

그러나 누구든 성장하고 살아가는 도중에 많은 갈등과 문제에 봉착하고 주류사회에서 탈락하고 도태될 수 있다. 만약 이들에게 제2의 교육 기회를 제공하고 사회에 복귀할 수 있도록 하지 않는다면 이들 중 일부는 실업, 알코올 및 약물 중독 또는 범죄 소굴로 빠질 수 있다.

이 경우 사회적 비용은 얼마나 될까? 제2의 교육 기회로 더불어 사는 사회를 만드는 것이 사회적 갈등과 비용을 줄이는 방법이지 않을까? 또 많은 난민과 이민자를 받아들여 이들에게 스웨덴어를 비롯한 교육을 제대로 제공하지 않으면 어떻게 될까? 이들은 스웨덴 사회의 통합(Integration)은 감히 꿈도 꾸지 못할 것이고 보조금에 의존하는 하층 시민으로 전락하고 말 것이다.

이런 점에서 구체적인 상황은 다를지라도 검정고시, 방송통신학교, 평생교육원 그리고 각 교육청 등 여러 형태로 흩어져 있는 한국의 성인 · 평생교육과 다문화 교육을 정규교육 체제와 연계하여 제도화하고 또한 교육비뿐만 아니라 생계비를 지원하여 가능한 한 빨리 제2의

교육 기회를 제공해 정규교육에서 중도탈락한 사람들을 우리 사회의
일원이 되도록 하는 게 어떨지 자문해본다.

『EBSNEWS』 2021년 2월 23일

학교와 가정을 잇는 스웨덴의 발달대화

필자는 드물게도 1980년대 중반 스웨덴으로 유학하여 이곳에서 스웨덴 여자와 결혼하여 아이 셋을 낳고 키웠다. 아이들 셋 모두 학교 공부에 충실하고 잘 해내어 교사들과의 대화나 상담이 그렇게 많은 편은 아니었으나 제도적으로 꼭 해야 하거나 필요에 따라 이뤄지는 만남이 있었다. 제도적으로 만나는 것은 한 학기에 많아야 두 번꼴이고 필요에 따라 만나는 것은 대체로 아이들에게 무슨 문제가 생겼을 때 학교에서 학부모를 부르거나 부모가 면담을 요청하는 형식으로 이뤄진다.

우선 스웨덴의 교육 환경과 분위기는 한국과 무척 다르다. 스웨덴에는 한국 아이들이 방과 후 주로 찾는 학원이나 개인 지도를 받는 곳이 없다. 정규 수업을 마치면 초등 4학년까지는 대체로 '방과후학교'를 다니며 퇴근하여 데리러 오는 부모(보호자)와 함께 가정으로 돌아온다. 대부분의 부모는 맞벌이 부부로 유연근무를 통해 일찍 퇴근한다고 해도 하루 8시간 일을 마치고 방과후학교에서 아이를 데려오면 상당히 늦은 시간이 된다. 그래서 많은 부모들은 아이들이 어릴 때 둘 중 한 사람이나 또는 둘 다 풀타임으로 일을 하지 않고 아이들을 조금이라도 일찍 데려오기 위하여 75%나 그보다도 적게 일하기도 한다.

아이들은 방과후학교를 다니면서 스포츠나 음악 등 예술 활동을 즐긴다. 물론 매일 하는 것은 아니고 일주일에 한두 번 정도 참여한다. 남자아이들이 주로 하는 스포츠는 아이스하키와 축구이며 여자아이들은 승마를 즐긴다. 주로 부모들이 코치로 활동하는 지자체의 스포츠클럽에서 이런 스포츠 활동을 하고 살고 있는 지역 주위의 마장에서 야외 승마를 즐긴다. 예술에 소질이 있다고 생각되는 아이들은 학교의 음악 시간 외 따로 지자체에서 운영하는 음악학교에서 악기를 배우거나 연극 또는 노래하는 것을 배운다. 그러나 스포츠 활동과는 달리 학교 정규수업 외 예술 활동을 하는 학생은 적다. 스포츠의 경우 초 4 이후부터는 놀이 수준을 넘어 스포츠에 장래를 걸 아이들만 주로 남게 된다.

아이들이 초등학교를 다닐 때는 이런 식으로 학교 공부와 취미 활동을 동시에 한다. 우리나라와 같이 학원 여러 개를 다니며 공부하지 않는다. 아이들에게 가해지는 공부에 대한 압박도 한국과는 비교할 수 없을 정도로 덜하다. 하고 싶은 취미 활동을 다 해보며 공부하는 환경 속에서 한 명의 인격체로 성장한다고 할 수 있다.

한국과 같이 매 학기가 시작될 때 스웨덴의 모든 학교는 규모에 따라 학년별 또는 몇 학년씩 묶어서 학부모를 초청한다. 이런 오리엔테이션은 대체로 교장이 강당에서 학교 경영철학이나 학교 전반에 관한 이야기, 학사 일정, 교사 소개, 중점 사업 또는 협조 사항 등에 관한 이야기를 하고, 곧 이은 각 반에서의 모임은 담임과의 인사 그리고 담임의 해당 학기 과목별 교육 전반에 관한 이야기와 교사로서의 각오나 부모에게 드리는 당부 등을 이야기한다. 학부모들이 의문 사항이 있거나 생각이 다른 부분이 있으면 교장과 담임에게 질문하고 토론하기도 한다. 그러나 이런 오리엔테이션의 전체적인 만남에서는 개개 학생에 관한 이야기를 잘 하지 않는다. 학교 전반의 문제나 교내 왕따, 폭력 문제에 학교와 학급이 어떻게 대처하는지, 학부모가 어떻게 협조하기를 바라는지 등의 대화가 오간다.

교사와의 제도적 만남 중에서 가장 중요한 만남은 '발달대화'다. 이 대화는 학생, 교사, 학부모 3자가 학기 초에 의무적으로 해야 되는 대화로 교육법에 명시되어 있다. 발달대화는 대체로 지난해와 지난 학기를 기준으로 3자가 논의하여 이번 학기의 각 과목별 목표를 세우고 이를 달성하기 위한 학습 계획을 상의한다. 약 30분 정도의 대화로 학생이 먼저 지난 학기 공부는 어땠는지, 무슨 과목이 어려운지 또는 무슨 과목을 좋아하는지, 부진한 과목에 무슨 특별한 이유가 있는지, 이번 학기에 어떤 목표를 세우고 싶은지, 어떤 과목을 중점적으로 공부하고 싶은지 이야기한다. 이것을 출발점으로 삼아 교사는 학생이 어느 과목에 좀 더 집중하기를 바라고, 가정에서 어떤 도움을 주면 좋은지 등을 말한다. 학부모는 아이가 어떤 과목에 어려움을 겪고 있는지,

학교생활은 어떤지, 학교에서의 도움은 만족스러운지, 어떻게 도와주면 좋을지 등에 대해 묻고 이야기 나눈다. 이 대화의 결과물은 그 학기의 교육목표, 학생의 자세, 교사의 도움 그리고 가정에서의 협조 등을 기록한 하나의 서류로 남게 되고 이것을 가정과 공유한다. 이렇게 세운 교육목표에 수월하게 도달하지 않는다고 느낄 때 교사는 학기 말에 다시 대화를 요청하여 결과가 어떻게 됐는지, 어떤 문제가 시정되지 않았는지 등을 평가하는 경우도 있다. 학생이 순조롭게 공부하고 있다고 생각하면 이 평가대화를 생략하는 경우가 많다. 그런 경우 지난 학기에 대한 평가를 곁들인 발달대화를 다음 학기 초에 한다.

발달대화에서 세우는 (교육)목표는 학생마다 다르다. 주로 학생의 현 상황보다 더 높은 수준의 목표를 세워 그 목표에 도달하도록 한다. 그러나 학생이 국가가 세운 교육목표에 도달하지 못한다고 판단되면 의학적, 심리적 또는 행태 진단 등을 통하여 원인을 조사하고 이 결과에 따라 학교의 대책을 총체적으로 세운다. 이런 경우 학교와 부모 사이에 아주 높은 교류가 수반되는 것은 말할 것도 없다.

이와 같이 발달대화는 아주 중요한 제도로 학생들이 국가가 세운 교육목표를 달성할 수 있도록 하는 데 기여한다. 이렇게 해도 초등·중학교를 졸업하며 교육목표를 달성하지 못하는 학생들이 있다. 그러나 학생의 입장에서 출발하여 학교와 가정이 함께 노력해서 교육목표를 달성하고 윤택한 학교생활을 할 수 있게 도와준다는 점에서 이 제도는 아주 중요하다. 한국에서도 이 제도를 받아들여 학생, 학교, 가정 3자가 학생의 공부와 학교생활을 위하여 협력하는 것을 제도화할 필요가 있다.

공부 방식 또한 아주 다르다. 우리나라 교육은 정답이 정해진 사실 위주의 문제 풀이와 암기에 치중하는 반면 스웨덴은 과학적 사고와 특히 비판적 사고에 더 초점을 둔다. 이를 위해 작문과 논문 그리고 해당 주제와 관련된 토론을 중요시한다.

가장 큰 차이는 한국의 아이들이 시키는 공부를 열심히 하며 수동 적으로 성장한다면 여기 아이들은 아주 독립적이다. 자신이 좋아하지 않거나 옳다고 생각지 않는 것을 지시하거나 시켜서 하게 할 수 없다. 물론 실수나 실패도 있을 수 있다. 하지만 이렇게 성장해야 성인이 되어 자신의 삶을 스스로 헤쳐 나갈 수 있다고 학교와 가정 그리고 사회가 믿기 때문이다.

* 대교의 프로젝트 '좋은 학부모가 되는 길잡이' 〈 선생님 생각 안내서 〉에 제출된 글

스웨덴의 학제 및 교육과정

학제

스웨덴의 학제 또는 교육체제는 한국과 조금 다르다. 만 1세부터 5세까지의 유아학교, 6세에서 중학교 졸업까지의 10년제 의무교육인 기초학교, 3년제 고등학교, 대학으로 되어 있다. 모든 교육은 무상이다. 유아학교에는 부모가 아주 적은 비용을 지불하나 전체 비용의 8% 정도 밖에 되지 않고 나머지는 세금으로 충당한다. 유아학교에 지불하는 비용도 아동수당을 감안하면 무상이나 다를 바 없다. 85%의 유아들이 이 유아학교를 다니고 있다.

스웨덴에는 다른 나라에서 보기 어려운 제도가 있는데 6세 어린이가 1년동안 다니는 유아학급학교다. 유아학급학교는 놀이 위주의 유아학교로, 공부를 시작하는 기초학교에 적응할 수 있도록 배려한 제도다. 2018

년 가을학기부터 유아학급학교도 의무교육이 되어 기초학교에 편입되었다. 이로써 스웨덴의 의무교육 기간은 10년이 되었다.

스웨덴 고등학교는 18개 프로그램으로 나뉘어져 있다. 여기서 6개는 대학을 준비하는 프로그램이고 나머지 12개는 직업프로그램이다.

1) 대학준비프로그램: 경제 프로그램, 미학 프로그램, 인문학 프로그램, 자연과학 프로그램, 사회과학 프로그램, 기술 프로그램

2) 직업준비프로그램: 아동과 자유시간 프로그램, 건축 및 시설 프로그램, 전기 및 에너지 프로그램, 자동차 및 교통 프로그램, 상업 및 행정 프로그램, 수공업 프로그램, 호텔 및 관광 프로그램, 산업기술 프로그램, 농업 프로그램, 레스토랑 및 식료품 프로그램, 배관 및 토지·건물 프로그램, 간호 및 돌봄 프로그램

또한 스웨덴은 성인교육으로 유명하다. 성인교육은 기초학교와 고등학교 교육을 보완한다. 정규교육 체제에 포함되며 국가교육과정에 의거하여 지방자치단체가 주관하고 있다. 성인교육은 여러 사정으로 학업을 중단했던 이들에게 제2의 기회를 제공한다.

교육역할 분담과 교육자치

스웨덴에서 교육을 주관하고 책임지는 기관은 중앙과 지방 차원으로 나눠진다. 중앙 차원에는 의회, 정부, 중앙행정기관들이 있다. 가장 중요한 중앙행정기관은 국가교육청이고, 이 기관 외에 교육감사청과 특수교

육청 등이 있다.

교육과정 관점에서 이들의 역할은 다음과 같다. 정부가 교육과정을 개정하려면 국가교육청에 새로운 교육과정을 연구, 조사하여 보고하라는 과업지시서를 내린다. 이 과업지시서에는 새로운 교육과정의 철학과 형태 등이 담겨있다. 정부의 지시를 받은 국가교육청은 학교급별, 과목별 교사 및 교수들을 중심으로 조직을 꾸려 많은 세미나와 공청회를 통해 새 교육과정 초안을 작성한 후 보고서 형태로 제출한다. 정부는 국가교육청으로부터 받은 새 교육과정 초안을 검토하여, 정부의 통치이념과 교육철학에 맞게 수정 및 보완한 정부안을 만들어 의회에 제출한다. 의회는 교육상임위원회의 검토와 토론을 거쳐 최종적으로 본회의에서 국가교육과정으로 결정, 승인한다.

새로운 교육과정을 만들거나 개정하는 데에는 적어도 2년 이상의 시간이 소요된다. 한 번 교육과정을 개정하면 다음 개정까지 대체로 10년 이상 그 교육과정을 사용한다. 또 교육과정 개정 전에 고쳐야 할 부분은 정부에서 위원회 활동 등을 거쳐 수정 혹은 보완하기도 한다. 그래서 교육과정을 만드는 일은 여당, 야당, 교육기관, 전문가들의 참여와 합의로 이루어지는 어렵고 힘든 작업이다.

이처럼 중앙의 국가교육청, 정부, 의회는 교육의 목표를 세우고 방향을 제시하는 역할을 한다. 중앙에서 세우는 교육의 목표와 방향은 교육법, 교육시행령법, 교육과정, 교과과정 등에 나타나 있다.

중앙 기관들이 교육의 목표와 방향을 제시한다면, 스웨덴의 290개 지방자치단체는 중앙에서 세운 교육목표를 실행하고 집행한다. 학교를 세우거나 닫고, 통폐합하고, 학교 시설을 책임지고, 교원을 채용하고, 학교 재정을 담당한다. 중앙에서 세운 교육 목표를 어떻게 달성할지는 전적으로 지자체와 학교의 재량에 달려 있으므로, 스웨덴은 교육자치가 잘 되어 있다고 할 수 있다.(황선준, 「학교 단위에서의 스웨덴 교육자치」, 〈해외교육〉, vol. 226호 봄호 참조)

교육과정

스웨덴의 교육과정은 의무교육인 기초학교의 교육과정이 책 한 권으로 정리되어 있고, 기초학교 차원에서 발달장애 학생을 위한 교육과정이 따로 있으며, 고등학교 교육과정이 프로그램별로 있다.

2021년 기준, 최신 교육과정은 2018년에 만들어졌다. 이 교육과정은 미래사회를 대비하기 위해 만들어졌다.(이해영 외, 2019) 스웨덴에는 「기초학교, 유아학급학교, 방과후학교를 위한 2018 교육과정」, 「2018 특수학교(발달장애) 교육과정」, 「고등학교 교육과정」 총 3개의 교육과정이 있다. 이 교육과정의 근간은 2011년 개정된 교육과정이다. 2011년 개정된 교육과정은 2012년부터 적용됐는데, 이후 과목별 시수를 조정하여 2016년 7월부터 적용했고, 양성평등 장려를 위해 2018년에 다시 교육과정 일부가 개정됐다.(이해영 외, 2019) 2018 개정 교육과정 문서는 추상적이었던 이전의 교육과정을 구체화한 것이다. 그러나 이 교육과정도 한국의 교육과정과 비교해보면 밑그림 수준이다. 총 300여 쪽에 달하는 교육과정 문서는 총론과 21개 과목으로 구성되었으며, 총론은 20여 쪽 분량을 차지하고, 각 과목의 교육과정은 10쪽 내외의 분량이다. 스웨덴 교육과정은 목표, 주요 내용, 성취 기준이 차례대로 구성되어 있고 포괄적인 언어로 기술되어 있다.

스웨덴 교육과정 총론에는 첫째, 학교의 가치기준과 임무(하위 내용: 인간에 대한 이해, 교육 평등, 권리와 의무, 학교의 임무)와 둘째, 일반적인 목표와 방향(하위 내용: 규범과 가치, 지식(학력), 학생들의 책임과 영향(권한), 학교와 가정, 학년이 올라가는 것과 협력, 학교와 주위세계, 평가와 성적, 교장의 책임)이 기술되어 있다.

스웨덴어 교육과정 사례를 제시하면 다음과 같다.(「기초학교, 유아학급학교, 방과후학교를 위한 2011 교육과정」 참조)

- 교육목표(syfte)
초등·중학교 교육과정에서 스웨덴어는 채 한 페이지가 되지 않는 분량으로 초 1에서 중 3까지의 교육목표가 적혀 있다.("언어가 소통에 중요, 언어를 통해 정체성 형성, 감정 표출, 다른 사람 이해, 문화, 철학, 여러 세대와 언어가 만나는 사회에서 다양하고 풍부한 언어를 구사하는 것은 중요하다고 총론적으로 언급하며 학생들이 스웨덴어에 대한 지식을 연마하는 데 있다. 수업(강의)는 학생들이 읽고 쓰고 싶도록 자극해야 한다")
교육목표를 학년별로 기술하지 않고, 전체의 교육목표를 기술하고 마지막에 다음과 같이 요약하고 있다.

말과 글로 표현하고 소통한다.

다양한 문학 작품과 글을 읽고 분석한다.

여러 목적, 대상, 상황에 맞춰 언어를 구사한다.

언어구조를 분석할 줄 알고 문법에 맞게 언어를 구사한다.

여러 가지 출처(sources)에서 자료와 정보를 찾고 그것을 평가한다.

– 주요 내용(Centralt innehåll)

교육목표 아래에는 '주요 내용'이 기술되어 있다. 교육목표 부분과는 달리, 주요 내용은 초 1~3, 초 4~6, 초7~9(중1~3)로 나뉘어 기술되어 있다. 이 내용은 다음과 같은 5개의 하위 그룹으로 다시 나뉜다. a) 독해와 작문, b) 발표, 경청 및 대화, c) 문학적 글과 전문적 글, d) 언어 구사, e) 정보 찾기와 자료 비판. 교육목표보다는 주요 내용이 훨씬 상세히 기술되어 있다. 그렇다고 해서 구체적으로 어떤 작품이나 글을 이해하고 평가해야 하는지를 기술하지는 않는다. 한국 중 3에 해당하는 스웨덴어 교육과정의 주요 내용을 예로 들면 다음과 같다.

독해와 작문 영역 – 여러 언론 매체의 글을 이해, 해석, 분석한다. 문장의 구조와 형태, 언어적 특성에 맞는 여러 종류의 작문을 한다.

발표, 경청 및 대화 영역 – 토론을 이끌고 자기주장을 펴고 토론의 주요 내용을 요약한다. 여러 형태의 주제, 내용, 대상에 맞추어 구두로 발표한다. 발표를 위해 컴퓨터 등 보조 수단을 활용한다.

문학 및 전문적 글 영역 – 스웨덴, 북구, 세계 문학을 탐독하고 문학

속의 인간의 조건과 정체성을 공부한다. 문학 작품에서의 언어구조, 작가의 시각, 사건 전개, 인물 묘사, 내외적 대화 기법을 분석하고 배운다.

언어 구사 영역 – 주요 개념을 파악하고 요약하는 것을 통해 기억하고 배우기 위한 언어적 전략, 감정과 지식 그리고 자신의 관점을 표현하기 위하여 사용하는 단어와 개념, 단어와 개념의 뉘앙스와 가치 정향, 새로운 단어 등을 배운다.

정보 찾기와 자료비판 영역 - 도서관, 인터넷, 도서, 언론 및 인터뷰를 통한 자료 찾기, 인용 방법과 출처 각주 방식, 방대한 정보에서 필요한 것을 찾고 자료 비판을 통한 자료의 신빙성 검사하는 방법을 배운다.

이를 통해 중 3 학생들은 여러 형태의 글을 읽고 분석, 평가, 경청, 발표, 토론하여 보고서를 제출해야 하는 것을 알 수 있다.

– 성취 기준(Kunskapskrav)
스웨덴은 초 6에 최초로 성적이 나오고 기초학교 9년의 졸업 성적이 고등학교 선택에 중요한 역할을 한다. 성적은 A·B·C·D·E·F, 6단계로 나뉘어져 있는데 교육과정에는 A, C, E 세 단계의 성취 기준만 나와 있다. B의 성적은 A와 C, D의 성적은 C와 E 중간에 있음을 의미한다. 6단계의 성취 기준을 글로 명시하기 어렵기 때문에 중간 단계인 B와 D의 기준은 생략한 것이다. 또한, 선택형 시험이 아니라 발표, 토론, 서술/논술형 작문(논문)

에 의한 평가가 이루어지므로 정확한 점수를 매기기 어렵기 때문이기도 하다. 한국 중 3에 해당하는 스웨덴어 독해 영역에서의 성취 기준 A를 예로 들면 다음과 같다.

"시대 상황, 인과관계를 파악하고 다른 작품과의 비교를 통해 뛰어난 서평을 한다. 자신의 경험, 철학, 관점에 의거하여 작품 속에 명확하게 또는 은유적으로 표현된 메시지를 해석하고 고도의 논리를 편다. 작품이 어떻게 사회에 역사, 문화적으로 영향을 미쳤는지에 대해 작품과 작가의 관계에 대해 뉘앙스를 살리는 수준 높은 논리를 편다."(위 2011 교육과정, p. 232)

결론적으로 스웨덴어 교육과정은 포괄적인 언어로 교육목표와 주요 내용을 담고 있어서 교육목표와 주요 내용에 기초하여 학력과 평가 기준을 제시한다.

교과 이수 시간과 교과서

중앙 기구(의회, 정부, 국가교육청)에서는 교육과정 외에도 각 과목의 수업시간(시수)를 결정한다. 초등·중학교의 의무교육 9년 동안 스웨덴어 (1490h), 영어(480h), 수학(1230h), 사회과학(885h), 자연과학 (600h), 체육 및 건강(600h), 음악(230h), 미술(230h), 가정(118h), 공작(330h), 기술(200h), 언어선택(320h), 학생선택(177h), 학교선택(600h), 총 합계 7490시간을 이수하도록 하고 있다. 교육과정의 목표, 주요 내용 그리고 각 과목별 이수 시간에 따라 각 학교는 학년별 과목과 시간을 정한다. 영어의 경우 1~3학년에서 60시간, 4~6학년에서 220시간 그리고 7~9학년에서 200시간 합계 480시간으로 편성하고 있으며, 일부 다른 과목에서도 3단위로 학년을 묶어 시수를 결정한다.

스웨덴의 교과서는 완전히 자율화되어 있다. 한국에서처럼 국정, 검정, 인정 제도가 없다. 교사는 주어진 예산 내에서 시중에 나와 있는 교재를 선택할 수 있다. 또 교재들을 부분별로 선택하여 사용할 수도 있고 자신이 만든 교재를 사용할 수도 있다. 어떻게 교육의 목표를 달성할 것인가 하는 문제는 전적으로 학교와 지자체에 달려있다.(황선준, 『왜 그는 한국으로 돌아왔는가?』, 살림터, pp. 302-314 참조)

(예비)교사의 교육과정 편성·운영 능력의 함양 경로

스웨덴 교육과정은 한국과 같이 학년 및 학기별 교과서와 공부해야 하는 내용이 정해져 있지 않다. 그래서 스웨덴 교사는 수업을 구성하기 어렵다. 스웨덴 교사는 교육과정에 나타나 있는 교육목표와 주요 내용을 중심으로 교육과정을 재구성하여 교재를 선택하고 자신의 교수학습방법으로 수업을 진행하고 학생들을 가르쳐 국가가 세운 교육목표에 도달해야 한다.

스웨덴 교사가 어떤 경로로 교육과정 재구성에 도움을 받을 수 있는지를 설명하면, 우선 여느 나라와 마찬가지로 스웨덴 예비교사들은 사범대(스웨덴의 모든 교사는 사범대에서 교육)에서 자신의 책임 분야의 교과 전문성과 교수학습방법에 대한 도움을 받을 수 있다. 특히 이론뿐만 아니라 실습과 세미나가 큰 비중을 차지하는데, 전체 수료 학점인 240점 중 30학점이(1학기에 해당) 실습이다. 이러한 스웨덴 사범대의 교육이 교육과정을 어떻게 구성하여 수업을 할 것인가에 대한 도움을 준다.

스웨덴에서 교사가 되기 위해서는 사범대를 졸업하고 1년간 학교에서 실습을 거쳐야 한다. 이 실습 기간에는 예비교사에게 그 학교의 교사 한 명이 멘토로 지정되어 교육과정 재구성이나 교수학습방법에 대한 실질적인 자문과 도움을 받을 수 있다. 뿐만 아니라 교장도 당연히 자문에 응한다.

스웨덴의 거의 모든 학교는 '교사팀제(arbetslag)'로 운영되고 있다. 학교마다 다르지만 과목이나 학년별 또는 여러 형태의 조합으로 교사들이 팀을 꾸려 그 팀에서 실질적으로 교육과정 재구성, 교재 선택, 교수학습방법과 그 외의 사업이나 행사 등에 대한 논의를 통해 도움을 받을 수 있다. 또 교사 간 상호 수업을 관람하며 도움을 주고받을 수도 있다. 특히 신규 교사들은 교사팀제의 연륜이 많은 동료 교사들로 큰 도움을 받을 수 있다. 한국의 교사학습공동체와 유사하나 학생 돌봄 문제를 포괄한다.

*교육과정평가원의 교육과정 프로젝트
「교육과정 편성·운영을 위한 온라인 지원 시스템 발전 방안 연구」에 제출된 글
(노은희 외(2020), 한국교육과정평가원 연구보고 RRC, 2020-5.)

스웨덴의 교사양성제도

현 스웨덴 교원양성체제는 2011년에 개혁된 것으로 다른 나라의 교원 양성체제에 비하여 간단하다. 스웨덴의 모든 대학은 국립이고 교원 양성은 전국의 28개 종합 및 단과대학 사범대에서 정부 수준의 프로그램(교육과정)과 교육 기간에 기초하여 이뤄지고 있다. 사범대에서는 유아, 초등, 중등, 고등 교사에 해당되는 4개 분야의 학위를 수여한다. 유아교사(förskollärare), 기초교사(grundlärare), 교과목교사(ämneslärare) 그리고 직업교사(yrkeslärare)의 학위가 그것이고 이 학위수여권은 중앙의 고등교육청(Högskoleverket)이 관장한다. 즉 각 사범대가 고등교육청에 학위수여권을 신청하면 고등교육청은 전체 교원 수급 상황과 각 사범대의 교원 양성 역량과 수준에 따라 학위수여권 정원을 결정한다. 큰 규모의 종합대학은 위 4개의 교사 유형을 모두 수여하고, 지방의 소규모 대학에서는 주로 4개의 교사 유형에서 제한된 특수 분야의 학위수여권을 보유하고 있다. 고등교육청은 학위수여권뿐만 아니라 교원 양성 교육의 수준이 미달될 경우 학위수여권을 취소할 수 있는 권한도 갖고 있다. 스웨덴 교원양성체제는 이와 같이 교사 양성 프로그램에서 교원의 정원과 질까지 중앙 정부 차원에서 결정하고 있다. 이는 출생율 등에 따른 교원 수급 상황에 능동적으로 대처하고 교육의 질을 제고하기 위한 것이다.

교원양성체제(Lärarutbildning 2011-)

앞에서 언급한 4개의 학위는 학교급에 따라 다음 <표>와 같이 세분화되어 있고 교과목 주제와 학점이 정해져 있다.

〈표〉 유형별 교원 양성 교과목과 학점

교원유형	세부	학점	필수 교과목과 학점(단위: 학점)
유아학교 교사		210	교육학적 핵심 60, 현장실습 30, 유아교육 120 (이 중 졸업논문 15)
기초교사	유아학교 학급 초 1~3	240	교육학적 핵심 60, 현장실습 30, 교과목교육 150 (읽기, 쓰기, 계산에 초점, 이 중 졸업논문 30)
	초 4~6	240	교육학적 핵심 60, 현장실습 30, 교과목교육 150 (스웨덴어 30, 수학 30, 영어 30에 사회과학, 자연과학 또는 실기/예능 중 선택, 졸업논문 30)
	방과후 교사	180	교육학적 핵심 60, 현상실습 30, 자유시간 교육 60 (이 중 졸업논문은 15, 실기 또는 예능 중 선택 30)

(계속)

교과목 교사	중학교 교사	270	교육학적 핵심 60, 현장실습 30, 교과목교육 180 (졸업논문 30, 한 과목 90, 다른 두 과목 각 45, 스웨덴어 사회과학, 음악 합쳐 90)
	고등학교 교사	300 ~330	교육학적 핵심 60, 현장실습 30, 교과목교육 210~240 (이 중 졸업논문 30, 한 과목 적어도 120, 다른 한 과목 90, 스웨덴어, 사회과학, 음악 합쳐 120)
직업교사		90	교육학적 핵심 60, 현장실습 30

한 학기 대학 교육은 30학점이고 위 교원 양성 교육에 제시된 학점을 교육기간으로 환산하면 방과후 교사는 3년, 유아교사는 3.5년, 초등학교 교사는 4년, 중학교 교사는 4.5년 고등학교 교사는 5~5.5년 그리고 직업교사는 1.5년의 사범대 교육 이수를 의미한다. 기초교사 중 초등 저학년 교사는 모든 과목을 다 가르치고 읽기, 쓰기, 계산하기에 초점이 맞춰져 있다. 반면 초등 고학년 교사는 스웨덴어, 수학, 영어를 적어도 30학점씩 이수해야 하고 나아가 사회과학, 자연과학 또는 실기/예능 중 한 과목을 선택·이수해야 한다. 방과후학교 교사 양성에서 특이한 것은 자유 시간 교육학 외에 실기 또는 예능 30학점을 이수해야 하는 것이다. 이는 방과후 교사가 오후의 방과후 학교 수업 외에 오전에 음악, 미술 등 예능이나 목공, 재봉 등 실기 과목을 가르쳐 기초교사의 짐을 덜어주는 동시에 방과후 교사가 전일제 정규직이 될 수 있도록 하고 있다.

중학교 교사와 고등학교 교사는 전체 학점이 다를 뿐만 아니라 가르쳐야 하는 과목 수도 다르다. 중학교 교사는 3과목을, 고등학교 교사는 2과목을 가르칠 수 있도록 교육한다. 이는 교원 수급 문제와도 연관이 있다. 중학교와 고등학교 교사 양성에서 스웨덴어, 사회과학 그리고 음악 이 세 과목을 합쳐 적어도 90학점 또는 120학점을 이수하는 것도 특이하다. 많은 교사가 스웨덴어, 영어, 사회과학 또는 음악을 담당하는 이유가 여기에 있다. 고등학교 교사는 5년 또는 5년 반을 교육받아 석사 수준에 준하는데, 중학교에서도 가르칠 수 있는 등의 이유로 중학교 교사보다 고등학교 교사를 지원하는 비율이 높다. 직업교사 학위는 해당 직업 과목의 지식과 실기 능력을 갖춘 사람이 취득할 수 있도록 하고 있다. 이들은 사범대를 졸업하고 고등학교, 성인교육, 공민학교, 직업학교 등 다양한 직장에서 해당 직업프로그램의 교사가 될 수 있다.

실기와 예능과목 교사는 학교급에 관계없이 모든 학교에서 가르칠 수 있다. 이 외에도 사범대가 아닌 일반대학에서 일부 과목을 전공한 사람이 교사가 되고자 할 때 교수방법을 보완하여 교사가 될 수 있도록 하는 보완제도(KPU. Kompletterande pedagogisk utbildning)가 있다. 일부 사범대학에서는 공과대학과 협력하여 '공학도와 교사' 같은 결합된 형태의 교원양성 프로그램을 제공하기도 한다.

현 2011년 교원양성체제는 2001년의 교원양성체제를 개혁한 것이다. 개혁의 주 이유는 2001년 체제가 현재의 한국 교원양성체제처럼 유아학교와 초등학교 교사 또는 중학교와 고등학교 교사 두 유형으로만 구분되어 교육을 받은 교사들이 너무 광범위한 학년을 담당하고 그로 인하여 주요 교과목에 대한 전문지식과 연구와의 연계가 부족하기 때문이었다. 이를 개혁한 현 교원양성체제는 위 도표에서 보았듯이 '해당 학교급 교과목 전문지식', '현장실습' 그리고 학생들을 가르치는 데 필수적인 '교육학적 핵심'에 많은 학점을 할애하고 과학적 사고와 연구를 필수로 하는 졸업논문을 강조하고 있다.

교육학적 핵심(Utbildningsvetenskaplig karna)

스웨덴 교원양성체제에서 가장 흥미로운 것은 모든 학교급 교원 양성에서 공동으로 이수해야 하는 '교육학적 핵심' 과목이다. 이 과목은 60학점으로 1년 교육에 해당한다. 주된 내용은 스웨덴 교육의 역사와 제도, 민주주의와 인권을 포함한 가치체계, 교육과정 이론과 교수법, 과학이론과 연구방법론, 어린이/학생(이하 학생으로 동일)의 발달과 배움 및 특수교육, 학생의 사회적 관계와 갈등 해결 및 교사의 리더십, 학생의 발달과 배움 분석·평가, 끝으로 자신의 교수학습 방법 발전 문제 등의 세부주제로 나눠져 있다. 이는 스웨덴 민주주의와 그를 지탱하는 가치체계에 기초하여 학생의 성장과정과 학교에서 발생하는 학생들의 사회생활 문제—왕따 및 학교 폭력 등—를 이해하고 갈등을 해결하는 역량과 학생의 배움을 평가하는 동시에 자신의 교수학습방법에 대한 성찰과 평가를 통하여 이를 끊임없이 연마하도록 가르치는 것이다.

이런 교육을 받은 스웨덴 교사와 그렇지 않은 한국 교사의 차이를 보여주는 사례가 있다. 얼마 전 한국의 중학생 한 명이 복도를 지나가며 쓰레기를 버렸다. 뒤에서 따라오던 교사가 이를 보고 학생을 불러 종이를 줍게 했다. 학생은 자신이 버린 게 아니라고 발뺌했다. 화가 난 교사가 학생이 버리는 걸 직접 봤는데 거짓말을 하고 대든다고 학생의 뺨을 때렸다. 이에 학생은 지지 않고 교사와 치고받았다. 다음날 언론은 이 사건을 교권 추락 사건으로 크게 다루었다.

스웨덴 교사라면 어떻게 대응했을까? 필자가 대화를 나눈 스웨덴 교사들은 대체로 다음과 같이 얘기했다. 뒤에서 학생의 이름을 불러 세우며 일부러 버린 것을 알면서도 '너 중요한 것 흘린 것 같은데'라고 말한다. 학생은 십중팔구 당황하며 '제 것 아닌데요'라고 얘기할 것이고 이에 교사는 '그래?' 하며 더 이상 따지거나 나무라지 않고 쓰레기를 주워 쓰레기통에 버리고 지나간다는 것이다.

사실 한국의 그 학생은 그 교사가 뒤에서 오는 것을 보고 교사와 치고받을 것을 작정하고 쓰레기를 버린 것인데 교사가 아무런 대응 전략 없이 걸려들었던 것일 수도 있다. 스웨덴 교사들은 이처럼 학생들의 발달과정과 심리, 사회적 관계 등을 배우며 어른으로서 어떻게 리더십을 보여야 하는지 사례와 실습을 통하여 배운다. 교대/사대를 졸업하고 학생과 맞닥뜨렸을 때 대응에 큰 어려움을 느끼는 한국 교사들과의 차이가 바로 이 교원 양성 기간의 '교육학적 핵심'이라는 과목으로 인해 일어난다고 할 수 있다.

2011년 교원양성체제는 바로 이러한 부분을 강조했으며 나아가 한 학기의 현장실습(30학점)과 함께 교과목 전문성을 강조했다. 특히 교과목 교육에 많은 학점을 배당하고 최저 학점까지 명시함으로써 교수들의 전공 위주로 이뤄져 있던 지엽적이고 분절된 교과목 교육을 탈피하고자 했던 것이다. 또한 일반 대학과 마찬가지로 졸업논문을 쓰는 데 한 학기를 할애하여 과학적 분석과 사고 그리고 연구와의 연계를 강조한 수준 높은 교육학적 논문을 요구하고 있다.

교사자격증(lararlegitimation)

스웨덴에서는 사범대를 졸업했다고 바로 교사가 될 수 없다. 스웨덴에는 임용고시가 없는 대신 졸업 후에도 1년 동안의 현장실습을 거치고 국가교육청에 교사자격증을 신청해서 통과해야 정교사자격증이 주어진다. 사범대에 재학할 때 한 학기 동안 실습한 것과는 달리 졸업생은 원하는 학교에 직접 실습을 신청하고 이를 학교에서 받아들이면 1년간 실습이 이루어진다. 학교에서는 멘토 교사를 지정해서 실습생을 지도하고 돕는다. 실습은 다양한 형태로 이뤄지지만 학생들은 주로 멘토 교사의 수업을 맡아 학생들과 교류하고, 다른 교사들의 수업을 참관하고, 다른 학교 교사들과 세미나를 통해 교류하면서 교사라는 직업을 현장에서 배운다. 1년의 현장실습 과정을 거친 실습생이 국가교육청에 교사자격증을 신청하면 국가교육청은 멘토 교사와 교장의 평가를 기초로 실습 교사를 최종 평가한 후 교사자격증을 발급한다. 교사자격증이 있어야 정교사로 채용될 수 있고 학생들에게 성적을 매길 수 있는 권한이 생긴다. 물론 교사자격증을 받지 못하는 실습생도 있고 교사자격증을 취득한 후에도 교사로서 역량이 매우 부족하거나 범죄를 저지르면 교사자격증을 박탈당할 수 있다.

또 교사자격증을 취득했다고 자동으로 교사가 되는 것은 아니다. 스웨덴의 모든 교직은 공모를 통해 채용한다. 실습까지 수료한 예비교사들은 일하고 싶은 지자체의 학교 공모에서 다른 후보들과 경쟁하여 선택받아야 비로소 교사로 채용된다.

스웨덴 교육의 고질적 문제

새로운 교원양성체제로 스웨덴은 교사들의 전문성을 확보하여 학생들의 성적 하향을 막았는가? 쉽게 대답할 수 있는 질문은 아니다. 국제학업

성취도평가(PISA)가 시작된 2000년대 초 스웨덴 학생들의 성적은 PISA 국가들 중 최상위였다. 그러나 2015년까지 매 3년마다 이뤄지는 PISA에서 스웨덴 학생들의 성적은 하락했고 급기야 평균 이하로 떨어져 나라가 발칵 뒤집히기도 했다. 2018년 PISA에서는 성적이 다시 올랐다. 이러한 스웨덴에 비해 이웃나라 핀란드는 성적이 계속 상승하여 현재 최상위를 고수하고 있다. 학생 1인당 교육비는 스웨덴이 핀란드보다 높은데 성적은 오히려 스웨덴이 핀란드보다 낮아 이 두 나라 사이의 교육격차에 대한 연구가 많이 이루어지고 있다. 그 중 교사의 보수와 고등학교 성적을 중심으로 한국을 포함하여 살펴보겠다.

스웨덴, 핀란드 그리고 한국의 교사가 받는 보수에는 어떤 차이가 있는가? 초임 봉급은 스웨덴, 핀란드 그리고 한국의 순으로 높지만 교사 말년의 봉급은 정반대로 한국, 핀란드, 스웨덴 순으로 높다. 스웨덴 교사의 보수는 인플레이션을 보상하고 조금 남을 정도로 평생 조금씩 상승하지만 한국의 경우는 호봉제로 인하여 그 상승 정도가 스웨덴과 핀란드보다 가파르다. 스웨덴과 핀란드 교사의 평생 소득에는 큰 차이가 없다.

스웨덴과 핀란드 그리고 한국, 이 세 나라 사이의 가장 큰 차이는 교사가 되고자 하는 학생들의 고등학교 성적이다. 이 중 한국 교사들의 고등학교 성적이 가장 좋다. 한국은 상위 5% 이내의 학생들이 교대, 사대 교육과 임용고시까지 거쳐 교사가 된다. 핀란드의 경우 상위 10% 이내의 학생들이 사범대를 지원해서 교사가 된다. 스웨덴의 경우는 제2지망으로 사범대에 입학하는 학생들이 많고 고등학교 졸업 성적이 중·하위에 머무는 학생도 있다. 스웨덴은 정부 차원에서 고교 성적이 좋은 학생을 교사로 유치하려고 많은 노력을 기울였지만 성공하지 못했다. 스웨덴 교육의 가장 큰 문제가 바로 성적이 좋은 학생들을 예비교사로 유치하지 못하는 데 있고 이것이 이웃 나라 핀란드와 한국과의 가장 큰 차이다.

다른 말로 표현하면 교사라는 직업이 스웨덴에서 그렇게 매력적이지 않다는 얘기다. 다른 모든 직장과 마찬가지로 교사도 정년이 보장된 아주 안정적인 직장임에도 불구하고 선호도가 낮다. 이는 크게 두 가지 이유가 있다. 하나는 스웨덴 여성에게 교사 외 매력 있는 다른 직장들이 많은 데에 있다. 교사라는 직업은 힘들고 교장 외에는 승진 가능성이 거의 없어서 보수가 높지 않은 직업으로 낙인 찍혀 있다. 유일한 승진이라 할 수 있는 교장직은 책임과 업무량이 많아 꺼리는 교사들이 많다. 반면에 성평등으로 인해 여성들에게도 정치, 관료 그리고 사기업 분야에 역동적이고 보수가 많으며 출세 가능성 높은 직장들이 얼마든지 열려 있다. 성적이 좋은 학생들은 사범대가 아닌 다른 대학 교육을 마치고 바로 이런 직장을 선택한다. 이런 연유에서 사범대 졸업생 중 아주 드물게 교사가 되지 않고 다른 직장을 구하는 사람도 있다.

정부가 교사 보수를 대폭 높여 유능한 젊은이들을 유치할 수 있다고 생각할 수 있다. 그러나 이것은 현재의 교육체제에서는 불가능하다. 스웨덴은 지자체 차원의 교육자치로 교장, 교사, 교직원 모두 지방 공무원이며 이들의 보수에 대한 예산은 지자체가 결정하고 교사의 봉급은 주어진 학교 예산 내에서 교장과의 협상을 통해 정해진다. 지자체 의회에서 결정하는 지자체 예산을 중앙정부가 간섭할 수 없다. 그래서 지자체, 학교 또는 교사 개개인에 따라 봉급의 차이가 있다.

전 교육부장관을 역임한 자유당 대표 벼로크룬드(Bjorklund)는 최근 고등학교 스웨덴어 성적 또는 사범대 전공 교과목의 고등학교 성적이 C 미만인 학생은 사범대 입학을 허용해서는 안 된다고 주장했다. 그러나 가뜩이나 교사자격증을 소지한 교사가 부족한 상태인데 성적 기준을 높이면 교원 수급 문제에 더 큰 차질을 빚을 수 있다는 비판에 전 교육부장관은 아무런 해답도 내놓지 못했다.

2011년 교원양성체제 개혁 이후 10년이 지난 지금, 스웨덴 학생들의 국제학업성취도평가 성적이 곤두박질치는 것은 일단 멈췄다. 그러나 이것이 교원양성체제의 개혁 덕택이라고 말하는 사람은 없다. 오히려 사명감 뚜렷하고 성적 좋은 학생들을 사범대로 유치하는 데 실패했다고 입을 모으고 있다. 현 정부는 또다시 2019년에 정부연구조사위원회를 설치하여 교원양성체제의 질을 높일 수 있는 방안을 모색하여 정책제안을 내게 했다. 이는 사실 소수정권인 현 사민당과 환경당 정부가 우파의 중앙당과 자유당의 지지를 약속받으며 이미 결정한 사안이다. 이런 정부연구조사 설치에 대하여 교육계의 많은 사람들은 반대하고 있다. 교사들이 차분하게 일할 수 있는 기회를 줘야지 계속 개혁한다고 좋은 결과를 얻을 수 없다는 비판이다.

교사들의 직업만족도

교사는 한국 고등학교 학생들이 선호하는 직업 중 하나이고 입시 성적이 좋은 학생들이 교사가 된다. 그런데 교사가 되고 나서의 직업만족도는 어떤가? OECD의 2013년 조사에 의하면 '교사라는 직업을 선택한 것을 후회한다'는 한국 교사의 비율이 20%가 넘어 OECD 회원국 중 가장 높았다. '다시 직업을 선택한다면 교사가 되고 싶지 않다'는 응답도 40%에 육박해 한국 교사들의 직업만족도는 OECD 회원국 중 최하위를 기록했다.

공교롭게도 스웨덴이 한국 다음으로 교사만족도가 낮은 나라였다. 물론 그 이유는 다르다. 한국의 경우 학교의 소통 부재와 비민주적 학교 운영, 업무 과중, 학부모 민원 등이 주를 이룬다. 스웨덴의 교사만족도가 낮은 이유는 한국과 다르다. 사범대에서 '교육학적 핵심' 등의 과목을 통해 제대로 교육을 받았을 것으로 짐작할 수 있는데도 독립적이고 비판적 사고와 역량을 갖춘 학생들을 제대로 다룰 수 없어서 힘들다는 보도가 있다. 쉽게 얘기하면 교사의 말을 그냥 받아들이지 않고 의문을 제기하는 학생들에게 영감을 주며 교육을 하는 게 쉽지 않다는 얘기다. 이유야 어찌 되었든 교사의 직업만족도가 낮은 것은 교육에 부정적 영향을 마치는 것은 말할 것도 없으며 일정 부분은 교원 양성 기관에서 해결할 수 있다.

시사점

스웨덴 교원양성체제가 우리나라에 주는 시사점은 3가지로 요약할 수 있다. 첫째는 전국의 모든 사범대에서 '교육학적 핵심'이라는 과목을 적어도 1년 동안 교육받게 하는 것이다. 스웨덴 가치체계에 기초하여 학생의 사회성과 정체성 확립을 이해하고 학생을 인격체로 대하고 존중하는 것을 배우며 학교에서 일어나는 학생의 갈등 문제를 해결하게 하는 것이다.

둘째는 교원 수급에 관한 것으로 스웨덴은 초등 고학년(4~6학년) 교사와 중학교 교사 사이의 교직 이동이 쉽다. 교사 양성 프로그램의 교과목이나 학점에 큰 차이가 없고 의무교육인 초등학교와 중학교가 기초학교라는 하나의 학교 형태로 주로 같은 공간에 있기 때문이다. 그래서 학령기 아동의 증가나 감소에 따라 일부 교과목 보충 교육을 통하여 초등 고학년과 중학교를 쉽게 오르내리며 가르칠 수 있다. 한국의 경우 이 두 학교급 사이의 이동은 사실상 불가능하다. 또 다른 나라와는 달리 스웨덴의 중학교와 고등학교 교사는 두 과목 또는 세 과목을 가르칠 수 있게 하여 교원 수급 문제에 큰 도움을 주고 있다. 교원 수급 문제를 해결할 수 있는 이 두 가지 제도는 출생률 최저로 학령아동이 급격히 감소한 한국이 참조할 필요가 있다.

셋째는 한국도 스웨덴처럼 교육대와 사범대를 통합하여 두 기관 사이의 분절을 없애 통합되고 통일된 교원 양성을 할 수 있다. 학생들의 배움 측면의 교육학적 또는 생활 측면의 사회학적 관점에서 두 교원 양성 기관이 분리되어 있을 이유는 없다. 통합된 사범대에서 교육하면 초등과 중등에서 존재하는 교육학적 및 사회학적 문제들에 대하여 상호 교류와 연구를 통하여 문제를 찾아낼 수 있다. 그리고 이에 대한 대책을 논의하여 예비교사들을 교육할 수 있다. 즉 초등에 있는 문제가 중등에서 지속되는지, 초등에서 없던 문제가 중등에서 새로 생기는지에 대한 연구와 대책을 전체 사범대 차원에서 심도 있게 연구하고 예비교사들을 교육할 수 있다는 뜻이다. 나아가 교육대와 사범대의 통합은 현 교대생들이 전공 외 종합대가 제공하는 다른 많은 과목들을 접하고 교사로서의 시야를 넓힐 수 있는 기회도 된다. 이와 같이 통합은 학교급을 떠나 한국 교육 전체를 한 단계 높일 수 있는 계기를 마련할 수 있다. 그런 점에서 2008년 제주대와 제주교대 통합에 이어 현재 제기된 부산대와 부산교대의 통합도 집단이기주의나 이해관계를 떠나 한국교육의 미래와 전인적 교육을 위한 미래 교사를 양성하는 기관으로 거듭나 교대·사대 통합의 밑거름이 될 수 있기를 희망한다.

황선준(2021), 「교육학적 핵심과 통합 교원양성:
스웨덴의 교원양성체제가 주는 함의」,
교원교육소식, 99호: 1-8.

2부

스웨덴 숲에서
기후위기를 고민하다

그레타와 삐삐의 이타주의적 정의

2018년, 한국 나이로 16살이었던 그레타 툰베리는 '우리에게 미래가 있을지도 모르는데 왜 학교를 다녀?'라며 학교를 결석하고 스웨덴 의사당 앞에서 '기후를 위한 학교 파업' 피켓을 들고 1인 시위를 시작했다. 그레타 툰베리는 지난 2년간 전 세계 학생들로부터 동맹휴학을 끌어내고 세계경제회의, 유럽의회, UN을 위시한 주요 기구와 수많은 나라에서 정치 지도자를 만나 지구환경을 위해 화석연료 사용 줄이기를 촉구했다.

2019년 UN의 기후행동 정상회의에서 그레타 툰베리가 한 절규 어린 연설은 세계인에게 큰 울림을 주었다. "…아직도 당신들은 희망을 기대하며 우리 청년들에게 오셨나요? 어떻게 감히 그럴 수 있나요? 당신들은 헛된 말로 저의 꿈과 어린 시절을 도둑질했습니다. … 사람들은 고통받고 있습니다. 사람들이 죽어가고 있습니다. 생태계 전체가 무너져 내리고 있습니다. 우리는 대멸종의 시작점에 있습니다. 그런데 당신들이 하는 모든 이야기는 돈과 끝없는 경제성장 신화에 관한 것뿐입니다. 도대체 어떻게 감히 그럴 수가 있습니까?"

어떻게 10대 소녀가 무단결석까지 하며 지구환경을 위한 1인 시위를 생각해내고, 세계 지도자들을 만나 지구를 살려내라고, 청소년의 꿈을 빼앗지 말라고, 저렇게 당돌하고 당당히 부르짖는가? 어떻게 부모와 교사들은 주저 없이 그레타를 응원하고 지지할까? 어떻게 스웨덴 사회에서는 이 모든 것이 가능할까? 엄청난 파격이 아닐 수 없다.

이런 파격은 여러 분야에 존재한다. 최근 스웨덴 최고 제철 기업인 SSAB는 광산업체 LKAB, 전력회사 Vattenfall(바텐팔)과 함께 세계 최초로 철을 생산하는 모든 과정에 화석연료를 사용하지 않는 '화석연료제로철'을 생산하겠다고 했다. SSAB는 스웨덴에서 이산화탄소 배출이 가장 많은 기업이다. LKAB는 디젤이 아닌 신재생 연료로 채광하고, SSAB는 석탄이 원료인 코크스 대신 수소가스로 제련하고, 수소가스는 Vattenfall이 생산·공급한다는 것이다. 이들의 목표는 2026년 세계 시장에 이 새로운 철을 내놓고 2035년에 대량 생산하는 것이다. SSAB 사장은 "현재 환경에 치명적인 철 생산은 미래에도 필요한 산업이므로 지금과 같은 환경위기 시대에 오히려 장기적으로 생각해야 한다"라고 일갈했다.

전 스웨덴 수상 올로프 팔메는 1968년 2월 교육부 장관 시절 북베트남 대사와 함께 미국의 베트남전쟁에 반대하는 횃불 시위를 했다.

수상 재직 때에는 라디오 인터뷰에서 1972년 연말에 발생한 미국의 베트남 하노이 융단폭격을 세계 곳곳에서 일어난 반인도적 범죄 사건에 비유하며 한 나라 국민을 무력으로 복종시키려는 고문이며 테러 폭격이라고 세계에 선언했다. 닉슨 미국 대통령은 즉시 스웨덴과 단교했다. 북유럽의 이 조그만 나라가 무슨 배포로 경제 · 외교적으로 커다란 불이익을 무릅쓰며 제3세계의 대변인과 국제 질서의 양심 역할을 할 수 있었을까?

스웨덴에는 '네가 무엇이나 되는 것처럼 생각지 마라'는 절대적 자제와 절제를 요구하는 사회 불문율인 '얀테의 법칙(Jantelagen)'이 있다. 그런데도 어떻게 이런 파격이 지속될까? 필자는 이런 파격의 근원을 1945년 출간된 동화『삐삐 롱스타킹(Pippi Långstrump)』에서 찾고 싶다. 어린 여자아이 삐삐는 무지무지한 힘으로 당시의 학교, 경찰, 기성세대, 가부장제 등 모든 기득권에 반기를 들고 자신이 옳다고 생각하는 대로 행동하며 친구들의 지지를 끌어낸다. 삐삐는 이후 스웨덴 가부장제 및 세대 간 불평등 철폐와 여성해방에 지대한 영향을 미쳤고, 얀테의 법칙도 필요에 따라 허물어야 한다는 인식을 심어줬다.

삐삐에서 그레타에 이르는 스웨덴의 파격의 핵심은 이타주의적 정의로 연결돼 있다. 최근 한국의 의료계 집단 이기주의와 정반대다. 지구환경과 생태계 복원, 제3세계와 호혜 평등 국제질서, 성평등과 사회적 평등에 대한 신념이 이런 파격을 꿰고 있다. 이런 이타주의적 정의는 잘못된 세상을 바로잡고 더 나은 방향으로 인도하는 나침반 역할을 한다. 뛰어난 능력으로 자기 이익만 챙기는 게 아니라 '공부해서

남 주자'는 말처럼 좀 더 나은 인류사회를 만들기 위해 노력하는 것이다. 이를 위해선 결국 우리 사회가 가정부터 교육에 이르기까지 파격적인 생각이 싹 트고, 자라고 열매 맺도록 관용적이고 지지하는 환경이 돼야 할 것이다.

『국제신문』 2020년 9월 15일

물리학의 정석 깬 스웨덴 전투기

스웨덴이 세계 최고 성능의 전투기를 생산한다는 것을 아는 사람은 그리 많지 않다. 스웨덴의 인구는 1000만 명 남짓으로 남한 인구의 5분의 1 수준이고 제2차 세계대전까지만 해도 가난했던 나라가 최첨단 기술과 자본이 요구되는 전투기를 생산한다. 며칠 전 SAAB(사브)사가 차세대 전투기 JAS 그리펜 E 모델을 본국 스웨덴에 60대, 브라질에 36대 공급한다는 뉴스가 나왔다. 뉴스에서는 E 모델이 조종사에게 아주 빠른 결정을 내릴 수 있도록 해 세계 어느 전투기보다 공중전에 강하다며 레이더 시스템이나 전자 화면의 혁신을 언급했다. 나는 이 전투기가 최초로 개발된 1988년 당시를 뚜렷이 기억한다. 마하 2가 넘는 빠른 속도로 나는 전투기의 안정성을 위해 세계 모든 전투기는 무게중심을 기체 앞쪽에 두는데, JAS 그리펜은 뒤에 둔다고 했다. 물리학을 모르는 게 아닌가 하는 생각이 들 정도의 설계였다. 그러나 무게중심을 뒤에 둔 것은 물리학의 정석을 고의로 깬 파격이었다. 무게중심을 뒤에 두어 공중에서의 회전반경을 줄여, 추격당하다 뒤로 돌아가 공격할 수 있게 한 것이다. 무게중심을 뒤에 두어 생기는 기체 불안정 문제는 에릭슨사의 전자 시스템으로 해결한다고 했다. 쉽지는 않았던지 개발 초기 두 번이나 추락 사고가 났다.

어떻게 물리학의 정석을 깨는 파격적 사고가 가능했을까? 문제 중심의 사고가 아니었다면 불가능한 발상일 것이다. 공중전 승리의 핵심은 회전 반경을 최소로 하는 것이니 이를 위해 무게 중심을 뒤에 둬야 한다는 결론을 내렸을 것이다. 스웨덴은 이와 같이 문제가 무엇인지에서 출발해 문제를 해결하는 방식의 사고체계에 뛰어나고 강하다.

조금만 주의를 기울이면 이런 방식의 사고를 어렵지 않게 접할 수 있다. 본인의 아들 중 한 명은 비만 문제를 해결하겠다며 대학을 중퇴하고 새로운 사탕, 음료수를 만들어 수출까지 한다. 설탕으로 인한 비만이 만병의 근원인데 왜 사람들은 설탕이 많이 든 사탕과 초콜릿을 먹고 음료수를 마시는가? 설탕을 제거하고 몸에 좋은 단백질을 적당량 넣으면 어떻게 될까? 이런 문제의식에서 단백질 과자 Pandy(Protein Candy)가 탄생했다. 그랬던 아들이 지구를 살리겠다며 의류 산업에 뛰어들었다. 의류 생산 과정에서 발생하는 다량의 이산화탄소가 지구온난화의 주범 중 하나인 것은 잘 알려진 사실이다. 어떻게 하면 이산화탄소 배출을 줄일까? 버리는 옷을 재활용할 수는 없을까? 그런 기술을 가진 기업은 어디 있을까? 이런 고민의 결과가 헌 옷에서 새로운 섬유를 뽑아내 만든 친환경 의류인 Ceibawear다.

아직은 티셔츠 뿐이지만, 점차 범위를 확대해 의류 산업의 이산화탄소 배출을 최소화하는 데 기여하겠단다. 흥미로운 것은 Pandy와 Ceibawear같은 제품은 이익 추구가 아니라 인류의 건강, 지구의 환경과 미래 등 공공성에서 출발했다는 점이다. 이런 사업은 가격 경쟁력이 약해 실패할 수도 있다. 그러나 소비할 때 공익을 생각하는사람이 많아지면 이것에 기초하지 않은 사업은 성공하기 어려워 질 것이다.

문제 중심의 사고와 해결 방안은 창의력과 혁신으로 연결된다. 스웨덴이 스위스와 함께 이 분야에서 선도적 위치를 점한 것은 하루아침에 이루어진 일이 아니다. 어떻게 하면 우리도 창의적 사고와 혁신을 끌어낼 수 있을까? 첫째는 무엇보다도 교육이다. 정답과 지식을 외우는 현재의 교육에서 문제 중심 교육으로 전환해 질문이 있는 교실, 토론하는 교실 그리고 자유, 평등, 민주주의, 공공성 등 인류 보편적 가치를 심어주는 교육이 돼야 한다. 오늘과 같은 4차 산업혁명 시대에는 더욱 절실한 전환이고 나라의 명운이 걸린 문제다. 둘째는 이런 창의력이 창업으로 이어지는 사회적 지원체제와 구조를 공고히 해야 한다. 젊은이들의 아이디어가 사장되지 않도록 학교와 대학에서 기업가 정신을 가르치고 이를 추진할 토대를 제공해야 한다. 혁신을 기업에만 맡길 게 아니라 정부가 적극적으로 개입해야 한다. 특히 젊은이에게 실패해도 다시 도전할 기회를 제공하는 것이 무엇보다 중요하다. 보편적 가치와 창의력을 내재한 젊은이들이 우리의 미래다.

『국제신문』 2020년 1월 7일

무료 친환경 대중교통이
코로나의 명령이다

　　코로나 19 사태는 전 세계에 걸쳐 많은 생명
을 앗아가고 세계 경제를 정지시킨 대재앙이다. 이번 사태는 우리로
하여금 지금까지 살아온 삶의 방식이 정말 옳은지, 앞으로도 계속해
서 지금과 같이 살아도 되는지 고민하게 한다. 인류 문명에 의한 야생
동물 서식지와 자연생태계 파괴는 이미 한계를 넘어섰다. 온실가스에
의한 지구온난화는 인간이 감당할 수 없는 이상기후의 대재앙을 불러
오며, 미세먼지는 생명의 근본인 숨쉬기조차 두렵게 한다.
　　코로나바이러스가 창궐한 지난 2, 3개월 세계 곳곳에서 오랫동안
보지 못했던 현상이 나타나기 시작했다. 인도 북부 잘란다르 지역에
서는 수십 년 만에 처음으로 약 $200km$ 떨어진 눈 덮인 히말라야산맥을
육안으로 볼 수 있었다. 인공위성 사진으로 확인된 이탈리아 북부 베
네치아의 수질 개선, 중국 우한의 맑아진 공기, 한국의 미세먼지 감소

등 불과 몇 개월 만에 공기 질과 수질이 놀랄 정도로 개선되었다. 이는 코로나로 인하여 자동차, 선박, 항공기가 멈추고 공장과 가게가 문을 닫고 외출이 금지되면서 화석연료 사용이 대폭 감소한 데 기인한다.

코로나와 같은 외부 요인에 의한 강제적이고 일시적인 수질 및 공기 질 개선은 이전에도 있었다. 1997년의 외환위기와 2008년 금융위기 때 대폭 감소한 온실가스 배출량은 경기 부양책 등으로 경제가 재시동하면서 불과 2년 만에 위기 이전보다 증가했다. 온실가스 배출량 감소는 장기적이고 지속 가능한 정책 전환 없이 불가능하다는 것을 보여준 것이다. 그렇다면 어떤 정책이 필요할까?

첫째, 대중교통 수단의 전기화다. 지하철과 버스 등의 대중교통을 모두 전기로 움직일 수 있게 해야 한다. 이 과정에는 기술개발과 법적 조치가 따라야 한다. 전기차와 수소차 등 친환경 자동차 상용을 위한 정부의 파격적 지원과 세제 혜택도 동반되어야 한다. 둘째, 전력 생산의 신재생에너지화다. 화력 발전소를 태양광, 수력, 풍력, 조력 발전 등으로 대체해야 한다. 한국같이 일조량이 많은 나라는 태양열 발전만으로도 전력 수요의 상당 부분을 충당할 수 있다. 셋째, 안전한 자전거도로 확보다. 차로를 축소해서라도 자전거도로 확보가 우선되어야 한다. 넷째, 모든 대중교통의 전면 무료화와 노선 확장이다. 전기화된 대중교통을 무료로 운행하면서 노선을 확장하면 승용차 사용을 대폭 줄일 수 있다.

이와 같은 친환경 교통정책으로의 전환에는 몇 가지 어려움이 있다. 대중교통을 무료로 운영함으로써 발생하는 재정난이다. 이는 자동차 및 유류세 증세, 주차위반·속도위반 등의 범칙금 상향 그리고 도시로 진입하는 자동차의 통행료 신설 등으로 비용 일부를 충당할 수 있다. 즉 승용차 사용을 자제하고 무료 친환경 대중교통이나 자전거 또는 걷기를 상용하라는 경제적 유인책이다. 부족한 부분은 소득세, 법인세, 간접세 등의 증세를 통해 충당할 수 있다. 이러한 정책 전환이 실현되면 환경 정화를 위한 시설 및 대책이 감소하고 오염된 환경이 만든 질병이 개선돼 개인 및 국가적 비용이 절감된다. 세금 좀더 내고 쾌적한 환경에서 건강하게 사는 것을 누가 반대할 것인가?

다른 어려움은 자동차 업계의 반대다. 업계에서는 한국의 자동차 산업이 살아남을 수 없다고 항의할 것이다. 분명한 것은 세계적으로 화석연료 자동차 사용을 금지할 날이 그리 멀지 않았다는 점이다. 자동차 업계는 이 기회에 성능 좋은 친환경 자동차 연구·개발에 박차를 가하고, 글로벌 자동차 업계를 선도하는 도전의 기회로 삼아야 한다.

끝으로 시민의 환경에 대한 인식과 의지가 중요하다. 이번 코로나 사태가 우리에게 주는 메시지는 분명하다. 환경 문제는 인간이 사용하는 에너지의 문제이며, 우리 세대가 해결할 수 있고 다음 세대에 책임을 전가해서는 안 된다는 것이다. 화석연료 사용을 획기적으로 줄이기 위해 지속 가능한 정책으로 빨리 전환해야 한다. 아침에는 눈이 시리도록 푸르고 밤에는 별이 총총한 스웨덴의 하늘을 보며 이런 환경을 아이들에게도 물려주고 싶은 마음이 간절하다.

『국제신문』 2020년 4월 27일

기후위기에 대처하는 스웨덴의 기획
- 화석연료 없이 철을 만들다

현재 지구촌의 가장 심각한 실존적 위기는 '기후변화'다. 산업화 이후 지구온난화의 주범인 이산화탄소(온실가스)가 지속적으로 대량 배출되면서 지구 곳곳의 빙하가 녹아 해수면이 높아지고, 고온 다습으로 인한 사막화와 동시에 폭염, 폭우, 홍수, 대형 산불 등 감당할 수 없는 이상기후가 계속되고 있다. 이대로 가다가 지구는 머지않아 인간이 살 수 없는 행성이 될 수도 있다. 국가, 기업, 시민단체, 개인 누구라 할 것 없이 지구촌 일원으로서 기후위기 극복에 동참해야 한다. 그렇지 않으면 미래 세대에 돌이킬 수 없는 죄를 짓게 될 것이다.

불행 중 다행으로 미국 트럼프 대통령이 물러나고 바이든 대통령이 당선되면서 환경 문제에 새로운 전기가 마련되었다. 바이든 대통령은 당선되자마자 트럼프 대통령이 탈퇴한 파리기후 변화협약(Paris Climate Change Accord, 이하 파리기후협약)에 재가입하고, 2021년 4월 22일 지구의 날에는 40개국 정상들이 참여한 영상 회의에서 이산화탄소 감축을 위해 박차를 가하기로 합의했다. 미국이 주도적으로 온실가스 배출이 많은 국가인 중국, 러시아, 인도, 일본, 독일 그리고 한국 등의 동참을 끌어내면서 이상기후 대책에 실낱같은 희망이 싹트고 있다. 등교 거부를 하며 환경을 위한 일인 시위를 했던 스웨덴 15세 소녀 그레타 툰베리의 싸움이 헛되지 않을 것 같다는 희망도 생긴다.

파리기후협약은 2021년 1월부터 적용되는 국제적인 협약으로 2015년 12월 유엔 기후변화 협약당사국총회(COP21)에서 채택되었다. 이 협약은 선진국에만 온실가스 감축 의무를 부과한 1997년 도쿄의정서를 대체하는 것으로, 전 세계 온실가스 배출의 90% 이상을 차지하는 95개국의 참여를 유도하여 각국이 자발적으로 세운 감축 목표인 '국가결정기여(NDC)'를 제출하게 했다. 강제성이 없다는 것이 아쉽지만 세계 최초의 보편적 기후협약이라는 점에서 의의가 크다.

파리기후협약은 산업화 이전과 비교하여 지구 평균기온 상승 폭을 1.5도 이하로 제한하는 장기목표를 설정하고, 각국은 2020년부터 5년마다 이산화탄소 감축 목표를 상향하여 제출해야 한다. 현재 주로 논의되고 있는 기준 연도는 2050년과 2030년이다. 2050년은 '탄소중립'의 원년이며, 2030년은 중간 점검의 해이다. 바이든 대통령이 주도한 40개국 정상 간 영상 회의는 바로 이 두 해의 목표에 집중되었다.

미국은 2030년까지 2005년 대비 50~52% 감축, 중국은 2030년 탄소배출 정점을 지나 2060년 탄소중립 실현, 유럽 연합(아래 EU)은 2030년까지 1990년 대비 55% 감축, 일본은 2030년까지 2013년 대비 46% 감축, 한국은 문재인 대통령이 이전에 제출한 2030년까지 2017년 대비 24.4% 감축 목표를 조만간 상향 조정하여 유엔에 제출하겠다고 발표했다.

스웨덴의 경우 정부가 내세운 2045년의 탄소중립 목표를 달성하기 위해서는 매년 탄소배출을 10~12% 감축해야 하는데, 현재 그 절반에도 미치지 못하고 있다고 환경운동가들은 강하게 비판하고 있다. EU의 감축 목표도 지구 평균기온 상승 폭을 1.5도 이내로 하겠다는 파리기후협약의 목표 달성에는 턱없이 부족하다며 정부의 대책 마련을 촉구하고 있다. 사실 각국이 제시한 위 감축 목표는 나라마다 비교연도가 달라 서로 비교하기도 어렵고 강제성이 없기 때문에 제대로 실행될지도 미지수다.

지금까지 기후위기 극복을 위한 여러 대책이 자주 수포가 되었던 것을 고려하면, 위에 제시한 각국의 온실가스 감축 목표가 달성되어 2050년 탄소중립이 될지는 알 수 없다. 왜 이것이 어려운 문제인가 하면, 인류는 또 다른 보편적 목표로 경제성장과 그를 통한 물질적 풍요와 번영을 추구하기 때문이다.

각국 정치인들은 경제성장으로 자국민에게 높은 생활수준과 번영을 제공하고자 하고, 기업인들은 기업의 확장과 성공으로 부를 창출하고, 개인은 승진과 더 높은 급여를 끊임없이 추구한다. 바로 이런 강한 욕구가 성장론자들의 속성(mechanism)이라 할 수 있다. 이와 반대로 많은 환경론자는 인간의 근본적 욕구에 의한 현재와 같은 추세의 성장은 머지않아 지구의 파멸을 가져올 것이라며 지금부터라도 경제 규모를 줄이고 생활수준이 낮아지는 것을 감수해야 온실가스를 감축할 수 있다고 주장한다.

성장과 온실가스 감축 중 꼭 하나를 선택해야 하는가? 이 둘을 한꺼번에 만족시키는 방법은 없는가? 지금까지의 인류 역사를 보면 이 둘을 동시에 만족하거나 병행하는 방법은 없어 보인다. 산업화 이후 경제성장과 이산화탄소 배출량은 정비례했다. 즉 경제성장은 에너지와 자원 사용의 지속적 증대로 가능했고, 이것이 오늘날 기후위기를 가져왔다. 따라서 기후위기를 극복하기 위해서는 경제 규모의 축소와 생활수준의 저하는 감수해야만 한다.

그러나 이산화탄소 배출을 감축하면서도 성장을 추구할 수 있다고 주장하는 학자들이 있다. 한 그룹은 경제가 성장할수록 탄소배출이 많아진 것은 지금까지 이산화탄소 배출이 공짜였기 때문이라며, 이산화탄소 배출에 비용(세금)을 매기면 이 둘을 병행할 수 있다고 주장한다. 유럽이 화력 발전에 가한 세금 때문에 1년 만에 화력 발전에 의한 온실가스 배출이 20% 감소했다는 것이다. 이 주장이 일리가 있는 이유는, 현재 EU의 온실가스 1톤의 매매 가격이 50유로이고 이는 7~8유로였던 2, 3년 전의 6~7배 수준이다. 온실가스의 매매 가격이 이렇게 높으면 유럽의 석탄 화력 발전소는 더 이상 이익을 창출할 수 없고 문을 닫을 수밖에 없다고 한다. 이러한 가격 상승은 곧 나오게 될 유럽 위원회(European Commission)의 이산화탄소 매매에 대한 새로운 제안과 EU의 상향된 기후 목표를 미리 반영한 것이다.

또 다른 그룹은 소위 '녹색 성장(green growth)론'자들로 이들은 로봇, 인공지능 그리고 디지털화 등의 기술 개발로 이 둘의 병행이 가능하다고 주장한다. 환경론자들은 이런 발상이 더한 환경오염을 초래할 수 있어 위험하다고 보지만 새로운 기술에 의한 녹색 성장은 매혹적인 부분이 많다. 예를 들어 스마트폰 하나가 이제까지 사용한 전화기, 시계, 카메라, 라디오, 스테레오, TV, 컴퓨터 등 20여 가지의 기구를 완전히 또는 부분적으로 대체한 것과 동시에 에너지 및 자원 사용은 몇 배로 감축되었다는 것이다. 알루미늄 캔의 경우 초기 무게가 84g이던 것이 현재 10g으로 준 것도 기술 발달로 인한 에너지 및 자원 사용의 감축 예로 자주 등장한다.

또 다른 예로 우리가 입고 버리는 의류에서 새로운 실을 뽑아내어 옷을 만드는 기술이 이미 상용되고 있고, 이를 통해 전체 이산화탄소 배출의 약 10%가 되는 의류 산업에 획기적인 감축을 가져올 수 있다는 주장이 있다. 즉 새로운 기술로 한편에서는 재생에너지 생산에 박차를 가하고 다른 한편으로는 온실가스 배출을 최소화하는 산업 및 경제구조가 가능하다는 것이다.

첨단기술로 각국이 이산화탄소 배출을 매년 8~10% 정도 감축하여 2050년 탄소제로를 달성할 수 있을지는 의문이지만, 마이너스 성장을 주장하는 것은 현실적으로 설득력이 매우 약하다는 것을 고려하면, 기술개발에 의한 녹색 성장을 통해 산업 및 경제구조의 방향을 새롭게 설정하는 것이 의미가 있어 보인다.

최근 스웨덴 제철 기업들의 행보는 이산화탄소 감축이 불가능해 보이는 분야에서도 기술과 의지가 있다면 획기적 이산화탄소 감축이 가능하다는 것을 보여준다. 제철 산업은 온실가스 배출의 온상이다. 예를 들어 기후변화센터에서 분석한 우리나라 포스코의 2018년 온실가스 배출량은 7,300만톤으로 국내 기업 중 1위이며, 한국 전체 온실가스 배출량의 약 10% 규모라고 한다. 스웨덴 제철 산업도 마찬가지다. 그런데 이 산업에 완전히 새로운 바람이 불어오고 있다.

몇 년 전 스웨덴 최고 제철 기업 SSAB, 광산업체인 LKAB와 국영 기업인 전력회사 Vattenfall 3자 공동으로 HYBRIT라는 기업을 결성하여, 세계 최초로 철을 생산하는 모든 과정에서 화석연료를 사용하지 않는 '화석연료제로철' 생산의 첫발을 내디뎠다. LKAB는 디젤이 아닌 신재생 연료를 사용한 장비로 채광하고, SSAB는 코크스 대신 수소가스로 제련하고, 수소가스는 Vattenfall이 수력발전에서 생산한 전기로 생산, 저장, 공급한다는 것이다.

자연 상태로는 존재하지 않고 물 또는 메탄가스와 같이 다른 원소와 결합한 형태로 존재하는 수소를 어떤 방식으로 생산할 것인지는 구체적으로 알려지지 않았지만, 스웨덴 북부에 이미 공장들이 세워지고 있다. 2026년, 세계 시장에 이 새로운 철을 선보이고 2035년에는 대량생산할 예정이다. 이 새로운 생산 방식이 안착하면 스웨덴 전체 이산화탄소 배출의 약 10%의 감축을 가져올 수 있다고 한다.

SSAB 사장은 "현재 철의 생산은 환경에 치명적이지만, 철은 미래에도 필요한 자원이므로 철 생산과 관련해서는 장기적인 계획을 생각해야만 한다."라며 이 새로운 철이 막대한 투자가 요구되는 부담이 큰 사업이긴 하지만, 미래를 선도하는 성장산업이 될 것이라고 확신했다. 위 HYBRIT뿐만 아니라 H2라는 완전히 새로운 기업도 제철 산업에 뛰어들어 화석연료제로철 생산을 위하여 현재 스웨덴 북부에 공장을 짓고 있다. 이로써 스웨덴은 세계 최초로 화석연료제로철을 시장에 선보이며 기존의 화석연료 철과 경쟁하는 나라가 될 것이다.

스웨덴 기업 볼보에서는 이미 위 기업들이 생산한 새로운 철로 자동차, 트럭, 중장비를 생산하겠다고 선언했고, 철을 생산하는 모든 공정에서 이산화탄소 배출을 최소화하는 선순환이 이뤄질 것이라고 했다.

스웨덴 제철 기업의 이런 대범한 발상과 투자와 비교하여 한국의 제철 기업들은 어떻게 하고 있을까? 제철 산업보다 더욱 심각한 것은 화력 발전소다. 화력 발전소는 석탄, 석유, 천연가스 등의 화력으로 증기터빈을 돌려 발전한다. 현재 전국의 해안지역에 58기의 화력 발전소가 가동 중이고 7기가 건설 중이다. 화력 발전소에서 생산하는 전력은 전체 발전량의 40%로 전력 생산 비중 1위를 차지하고 있다. 여기서 뿜어내는 이산화탄소는 국내 이산화탄소 배출의 절반을 차지한다.

우리의 온실가스 배출은 중국, 미국, 인도, 일본, 독일 등에 이어 통계를 내는 곳에 따라 세계 7위 또는 9위라고 한다. 화력 발전소는 온실가스뿐만 아니라 미세먼지 배출의 주범이며 국민건강에 심각한 악영향을 끼치고 있다. 2020년 8월, 환경단체인 녹색연합이 한국갤럽에 의뢰해 진행한 여론조사에 따르면, 응답자 1500명 중 90.7%가 2030년까지 석탄발전을 중단하고 재생에너지로 전환해야 한다고 답했지만, 이에 대한 정부의 대책은 느릴 뿐 아니라 거꾸로 가고 있다. 현재에도 새로운 화력 발전소가 건설 중이니 말이다.

스웨덴과 달리 한국은 왜 온실가스 배출량이 많은 에너지 생산을 고집하고, 재생에너지로의 전환은 더딜까? 일조량이 많고 삼면이 바다로 싸여있어서 해(태양광), 바람(풍력), 물(수력, 조력)에 의한 재생에너지 생산 여건이 좋은 데도 말이다. 성장론자들인 기득권 세력의 사회경제적 논리와 아성이 너무나 견고하여 나라와 국민이 병들어가는 것은 아닌지 심히 우려된다.

국가나 기업이 어떻게 기후위기에 대처하는가는 그 나라의 시민의식에 크게 좌우된다. 더 늦기 전에 우리도 국가와 기업이 친환경적으로 전환되도록 모든 수단을 동원하여 압박할 필요가 있다. 나아가 개개인도 소비와 에너지 사용을 줄여 온실가스 감축에 앞장서야 한다.

『오마이뉴스』 2021년 7월 1일

EU의 탄소국경세와 한국 제조업

현 인류의 종말은 크게 두 가지 재앙에 기인할 수 있다. 하나는 바이러스에 의한 것으로 코로나 19 사태가 그 예고편일 수 있다. 다른 하나는 이 글의 주제인 기후 온난화에 의한 재앙으로 전자 못지않다. 하루가 다르게 지구 곳곳에서 폭염, 폭우, 대형 산불로 많은 인명 및 재산 피해를 겪고 있다. 빙하가 녹아내리며 해수면이 높아져 섬이 물에 잠기고 유럽 국가들은 높은 해수면에 대비하여 제방을 세운다고 난리다. 지구 평균 기온이 산업화 이후 겨우 1도 남짓 올라갔는데 이런 심각한 재앙이 닥치고 있다. 기후과학자들은 이는 단지 시작에 불과하며 지금처럼 온실가스 배출이 지속되면 2100년에는 지구 평균 기온이 3도 상승하여 지구는 더이상 인간이 살 수 없는 행성이 될 것이라고 경고한다.

올해부터 적용되는 파리기후협약이 있어 그나마 다행이다. 이는

2050년을 탄소중립 원년으로 정하고 산업화 이후 지구 평균 기온 상승 폭을 1.5도 이내로 한다는 목표를 세웠다. 이와 같은 목표 아래 필자가 사는 스웨덴과 유럽의 기후위기 대응은 어떠한지, 이것이 한국 제조업에 미치는 영향은 무엇인지 고민해본다.

스웨덴의 철강기업 SSAB는 세계 최초로 '화석연료제로철'을 생산하고 볼보와 스카니아(Scania)는 화석연료제로철로 자동차, 트럭, 중장비 차량을 생산하겠다고 선언했다. 스웨덴 정부연구조사위원회는 2030년에 신형 화석연료(휘발유, 디젤, 천연가스) 자동차 판매를, 2040년에 화석연료 판매를 금지한다고 제안했다.

이와 같은 노력에도 불구하고 스웨덴 최대 일간지 DN은 연일 특집을 통해 스웨덴의 기후목표가 자국 생산재에 국한되어 있고 외국에서 수입하는 소비재에 대한 온실가스 배출은 반영하지 않아 전체 온실가스 배출의 3분의 1 정도만 기후목표에 반영됐다고 비판하고 있다. 또한 파리기후협약이 선진국의 온실가스 배출이 오랫동안 지속된 것을 감안해야 한다는 '형평성의 원칙'(The Principle of Equity)에도 위배된다며 이것을 감안하면 현재 온실가스 배출은 마이너스가 돼야 한다고 주장하고 있다.

언론의 이런 비판에도 불구하고 화석연료제로철이나 화석연료 자동차 판매 금지는 파격적인 면이 있다. EU 또한 이에 버금가는 행보를 보여줬다. 7월 14일 유럽 위원회는 'Fit for 55'라는 EU기후패키지를 발표했다. EU의 온실가스 배출을 2019년 대비 2030년에는 40% 감축에서 55% 감축으로 대폭 상향조정하고 이의 실현을 위하여 12개

법안을 예고했다. 예를 들어 2005년 이후 적용해온 탄소배출 및 매매 가격을 대폭 높이고 2035년에는 신형 화석연료 자동차 판매를 금지한다고 했다.

동시에 한국 제조업 전반에 큰 영향을 미칠 수 있는 '탄소국경세 (CBAM)' 도입을 선언했다. 탄소국경세는 일차적으로 2023년 철강 등 5개 분야에, 2026년에는 모든 품목에 전면적으로 도입한다. 스웨덴 기자들이 지적한 것과 같이 EU에 수입되는 모든 제품에 대하여 EU 기업이 EU기후목표에 준하여 생산할 때 드는 추가비용을 관세로 부과한다는 것이다.

이유는 크게 두 가지다. 하나는 EU가 아닌 국가들도 기후위기 대응에 적극 동참하게 하기 위해서고, 다른 하나는 EU 기업들이 국제무역에서 기후위기 대책으로 손해를 보거나 EU 기업들이 탄소세 적은 나라로 도피하는 것을 막기 위해서다.

이 제안은 제조업 비중이 크고 수출 경제에 크게 의존하며 '기후악당'이라 불릴 정도로 기후위기 대응에 소극적인 우리나라 기업들에 큰 타격을 줄 것이다. 전국경제인연합회는 2026년부터 포스코와 현대제철의 탄소국경세가 매년 3조 7천억 원에 달하고 이는 한 해 전체 영업이익에 해당할 것이라고 분석했다. 미국도 곧 EU와 같이 탄소국경세를 도입한다니 철강을 필두로 한 한국 수출품의 가격 경쟁력이 크게 추락할 것은 의심의 여지가 없다.

EU의 이와 같은 조치에 대해 우리 정부는 EU와의 협상에서 탄소국경세 완화나 예외 적용을 위해 노력할 것이 아니라 이 기회에 에너지 정책을 전체 전력 생산의 40%인 화력발전에서 해, 바람, 물을 이용한 재생에너지로 전환해야 한다. 또한 온실가스 배출이 극심한 철강을 비롯한 주력 산업의 탄소중립화를 위하여 정부가 재정 및 기술 지원을 적극적으로 해야 할 것이다. 이 길만이 지구와 기업을 동시에 살리는 길이다.

『국제신문』 2021년 8월 1일

젊은이여 대한민국을 고소하라

2013년 네덜란드 젊은이들은 'Urgenda(ur-gent+agenda)'라는 조직을 꾸려 정부가 기후위기를 막는 데 최선을 다하지 않고 국민을 위험에 빠트렸다며 정부를 대상으로 소송을 제기했다. Urgenda는 모든 재판에서 이겼고 네덜란드 대법원은 2019년 12월 최종적으로 정부에게 2020년까지 1990년 대비 적어도 25% 이상 온실가스를 감축하라는 판결을 내렸다.

네덜란드의 이 재판 이후 독일, 벨기에, 프랑스, 아일랜드, 인도, 콜롬비아, 뉴질랜드, 남아프리카, 미국 등 많은 나라에서 젊은이들이 같은 이유로 자신의 정부를 고소하여 승소를 이끌어내고 있다.

그뿐만 아니라 포르투갈 젊은이들은 현재 기후문제로 EU 33개국을 유럽법원에 고소한 상태다. UN의 한 보고서에 따르면 기후 관련 소송이 2017년 24개국 884건에서 2020년 38개국 1550건으로 늘어나

3년 만에 3배로 증가했다고 한다. 세계 각처에서 기후위기가 젊은이와 시민에 의해 법정에 서고 있다.

스웨덴의 18세 Iris Elmér와 20세 Anton Foley 등 젊은이들도 올해 초부터 정부를 고소하기 위하여 소송을 준비하고 있다. 이들은 스웨덴 정부가 파리기후협약 목표를 달성하기에 너무 느리고 스스로 세운 기후정책 목표조차도 달성하지 못한다고 비판했다. '우리는 지금 지옥으로 질주하고 있는데 그 누구도 대책을 강구하지 않는다'며 기후위기의 절박감을 호소했다.

정부가 기후위기 대책을 적극적으로 강구하지 않는 것은 엄연히 UN의 아동권리헌장과 유럽인권헌장을 위배한 범죄행위라며 올 하반기에 소송을 제기할 것이라고 한다. '오로라(Aurora)재판'이라고 명명한 이 소송 프로젝트는 대체로 10대와 20대 환경의식이 높거나 법학을 전공하는 학생들이 주축이 되어 기존 연구자, 환경운동가, 인권운동가들과 교류하며 현재 전국의 젊은이들을 규합하고 있다.

이렇게 세계의 깨어있는 젊은이들은 기성세대가 미래세대에 건강하게 살 수 있는 환경을 만들어주지 못하고 오히려 파괴하는 것을 더 이상 좌시할 수 없다며 자신의 정부를 고소하고 있다. 한국 젊은이들도 분연히 일어설 때가 아닌가? 지구온난화로 빙하가 녹아 해수면이 높아지고 사막화와 동시에 폭염, 폭우, 홍수, 대형 산불 등 극심한 기후변화가 이미 우리 곁에 와 있다.

한국은 지난해 유엔에 제출한 국가결정기여(NDC)에서 2030년까지 온실가스 배출을 2017년 대비 24.4%를 감축하겠다고 했다. 최근

바이든 미국 대통령이 주재하고 화상으로 진행한 40개국 정상 회의에서 다른 나라 정상들은 구체적으로 온실가스 감축을 상향 조정하여 발표한 것과는 달리 문재인 대통령은 위 감축 목표를 현행대로 유지하여 국내외적으로 빈축을 샀다.

한국 온실가스 배출의 가장 큰 주범 중 하나인 화력 발전소는 현재 58기를 가동하고 있고 이것도 부족하여 7기를 더 건설하고 있다. 대규모 온실가스를 배출하는 제철 및 다른 산업들에 대해서도 손을 못 쓰고 있다. 경제성장이란 허울에 갇혀 기업과 재계의 눈치만 보고 있다. 기후변화행동연구소는 5월 9일 이대로 가면 한국의 1인당 이산화탄소 배출량은 2030년 미국, 캐나다, 중국, 일본을 제치고 세계 1위가 될 것이란 분석을 내놨다. 기후 및 환경운동가들이 우리나라를 '기후악당'으로 부르는 것이 이상하지 않다. 얼마 전 미국 앨 고어 전 부통령은 한국이 2030년까지 24.4%가 아니라 적어도 50%를 감축할 것을 촉구했다.

이런 상황에도 불구하고 며칠 전 한국이 개최한 '피포지(P4G)' 정상회의에서도 문재인 대통령은 상향 조정된 온실가스 감축을 내놓지 못했다. 시민단체들은 공허한 말 잔치를 그만두고 과감한 기후행동에 나설 것을 촉구했다.

현재 인류가 겪고 있는 기후위기는 선진국 후진국, 진보 보수, 기업 개인을 따질 문제가 아니고 좌고우면할 시간도 없다. 온실가스 배출의 회복 불가능 시점이 코앞에 닥쳐와 있다. 파리기후협약의 산업화 이전 대비 지구 평균기온 상승을 1.5도 이하로 지키지 못하면 지구는 더 이상 사람이 살 수 없는 행성이 된다.

한국의 젊은이들이여 분연히 일어서서 정부를 고소하라. 그리고 세계의 젊은이들과 연대하여 종말로 치닫고 있는 지구를 구하라.

『국제신문』 2021년 6월 6일

3부

스웨덴 숲에서
인권을 돌아보다

스웨덴 초등 교과서 속 동성애와 이혼가정

동성애자, 트랜스젠더 등 성 소수자에 대한 우리 사회의 차별과 멸시는 그들을 죽음으로까지 몰고 있다. 극단적인 선택을 하지 않더라도 수많은 성 소수자들이 자신의 성 정체성을 밝히지 못하고 인정받지 못한 관계를 유지하며 힘들게, 또는 아예 사랑을 포기하고 평생을 불행하게 살고 있다. 이혼가정이나 한 부모 가정에 대한 시선도 곱지 않다. 소위 '정상'이라는 틀을 벗어나는 성 정체성과 가정 형태에 대한 인권 문제가 사회적으로 부각된 것도 어제오늘의 일이 아니건만 우리 사회는 왜 이렇게 가부장적이고 보수적인 근본주의 기독교 세력의 정상 이념을 극복하지 못하는 걸까?

그 답은 정치와 교육에 있을 것이다. 정치는 아직도 성 소수자 문제를 다수가 동의해야 한다는 민주주의 문제로 잘못 파악하거나 여론의 뭇매가 두려워 인권 문제로 인식하지 못한 채 문제 해결의 의지를 보이지 않는다. 정치가 이럴진대 교육이 홀로 앞서나가기 쉽지 않다. 교육부의 성교육 표준안이 시대를 역행한다거나, 성교육 자료가 외설이라는 보수의 비판에 두말없이 자료를 수거하거나, 반대 여론을 의식한 일부 교육청에서는 성 소수자 인권이 포함된 학생인권조례를 만들 엄두도 내지 못하는 일련의 모습들은 교육의 직무 유기를 여실히 보여준다. 성 소수자나 소위 정상 가정이 아닌 가정에 대한 차별과 멸시라는 반인권 상황은 선진사회로 나아가기 위해 반드시 해결해야 할 문제다.

세계 최고의 성평등국가, 성 소수자 인권 국가라는 스웨덴은 어떤가? 스웨덴의 사례는 교육이 가장 중요한 정치라는 것을 명확히 보여준다. 스웨덴 초등 6학년 자연과학(생물) 교과서에는 남녀의 성기, 성교 그리고 임신 과정이 사실적으로 묘사되어 있으며 실질적인 성교육이 이루어진다. 또한 다음의 서술은 아이들이 가정에 대해 어떤 생각을 갖게 될지를 잘 보여준다.

"가정의 형태는 아주 다양하다. 형제가 있을 수도 있고 없을 수도 있으며, 결혼 또는 이혼한 부모, 아니면 한부모와 같이 살 수도 있다. (중략) 일부 부모들은 같이 살고 싶지 않아 서로 떨어져 산다. 이 경우 아이들은 엄마와 아빠 두 가정을 가진다. 엄마가 둘 아빠가 둘인 아이들도 있고 부모 중 한 명이 새 파트너를 만나 아이를 낳아 새로운 형제가 생기기도 한다. 반(半)형제, 플라스틱 아빠, 보너스 엄마, 또는 계조모 등 여기에 대한 이름은 아주 다양하다."

일부 가정에 대한 도덕적 편훼 없이 모든 형태의 가정이 정상 가정이라는 점을 인지하게 해주며 이러한 교육이 다양한 형태의 가정에서 자라는 아이들의 인권을 지켜줄 수 있다.

'사랑'이란 단원에서는 다음과 같이 기술하고 있다. "사춘기와 10대에는 많은 일이 생긴다. 처음으로 사랑에 빠지기도 한다. 어떤 아이는 친구한테 사랑에 빠져 예전처럼 노는 게 이상하게 느껴지고 다른 아이는 동성에게 사랑을 느낀다. (중략) 서로 좋아하는 것을 보여주는 방식도 아주 다양하다. 서로 애인이 되고, 손을 잡고, 포옹하거나 키스를 한다. 중요한 것은 상대방이 좋아하지 않거나 준비가 안 되어 있을 때는 하지 않는 것이다." 동성애는 여러 형태의 사랑 중 하나로 비정상이 아니며 사랑 행위에서 '동의'가 중요하다는 점을 초등학교 교과서에서 가르치고 있다.

학교에서는 동성애를 교육 현장에서 자연스럽게 언급한다. 고등학교 수학 교과서에 젊은 여자 두 명이 (신혼)아파트를 사고 은행 융자에 대한 원금과 이자를 갚는 문제가 나온다. 다른 나라 교과서에서 남녀 부부가 하는 일을 스웨덴에서는 두 여자 또는 두 남자가 하는 것으로 묘사되기도 한다. 동성애도 이성애와 마찬가지로 정상적이고 건강한 성적 지향이라는 것을 분명히 보여준다.

그뿐만 아니라 교사가 학생들에게 '우리는 동성애를 이해해야 한다'는 식의 성교육은 못하게 한다. '우리'라는 표현은 다수를, '이해해야 한다'라는 표현은 동성애를, 이해해야 할 비정상 성적 지향이라는 것을 전제하기 때문이다. 스웨덴 교육은 이렇게 이성애가 아닌 성 정체성과, 결혼으로 성립된 가정이 아닌 가정도 결코 비정상이거나 비도덕적 혐오 또는 멸시의 대상이 아니라는 것을 학교에서 가르친다. 이것이 바로 사회적 문제와 갈등을 해결하며 더불어 사는 공동체를 만드는 데 있어서 교육과 정치의 역할이다.

『국제신문』 2021년 4월 6일

스웨덴 성교육 논란, 진짜 문제는 무엇인가

한국의 개신교 반동성애 진영에서 스웨덴 현지에 있는 한인 교회 목사 딸의 경험담을 근거로 스웨덴의 성교육을 폄하하는 일이 있었다. 스웨덴의 성교육 방식이 자유로운 성 문화를 만들어 가정 밖에서 태어난 아이들, 가족의 보호를 받지 못하는 아이들을 양산하는 것처럼 묘사한 것이다.

우선 '가정 밖에서 태어난 아이'라는 말을 어떤 의미로 쓰는 것인지 확실히 해야 할 것 같다. 스웨덴 결혼 문화는 한국과 아주 다르다. 여기는 '삼부(sambo)'라는 제도가 있다. 혼인신고를 하지 않고 함께 사는 부부를 법적으로 인정해주는 제도다. 주소지가 같으면 삼부가 되는데, 결혼식을 올린 부부와 똑같은 법적 권리와 의무를 준다. 이것은 결혼식이라는 보수적 제도에 대한 반발로 일어난 것이지, 성적으로 문란해서 생긴 게 아니다. 형식적이며 엄격한 결혼 제도 때문에 가정

밖에서 태어나 보호받지 못하고 버려지는 아이는 한국이 절대적으로 많다.

또한 이른 나이에 성교육을 받는 것이 성적 문란을 야기한다고 주장하고 있는데 현실은 정반대다. 성과 관련한 많은 문제와 범죄는 성에 대해 쉬쉬하고 올바르게 교육하지 않아서, 즉 성에 대해 몰라서 생기는 경우가 허다하다. 그래서 성에 대한 올바른 교육이 절실히 필요하다. 성은 아름다운 것이고, 상대방을 존중하고 배려하는 것에서부터 출발한다는 사실을 가르쳐야 한다. 몰래 포르노 같은 것을 보면서 성을 접하고 성에 눈을 뜨니 성적 문란과 범죄가 늘어나고, 왜곡된 성 문화가 사회에 만연하게 되는 것이다. 이러한 성 문화를 교육을 통해 바로잡아 줘야 하는데 한국에서는 제대로 된 성교육이 이루어지고 있지 않다.

최근에 있었던 N번방 사건은 올바른 성교육의 부재와 왜곡된 성인식이 만들어낸 결과라고 생각한다. 스웨덴에서도 한국과 유사한 성범죄가 있을 수 있다. 하지만 한국의 N번방 같은 종류의 성범죄는 듣지 못했다. 아마 있어도 수준이나 정도는 분명 차이가 날 것이다. 이런 차이도 가정과 학교에서의 교육과 사회적 분위기가 만든 게 아닌가 생각한다. 특히 아이들을 독립적이고 주체적으로 키우는 가정 및 학교 교육 덕분에 아이들이 쉽게 그런 곳으로 빠지지 않을 가능성이 크다.

한국에서는 성교육이 충분히 이뤄지지 않고 있는 것도 맞지만, 기존의 성교육이 잘못된 경우도 많다. 성 문제는 우리 사회의 중요한 가치라는 것을 인식하고 성평등에 대해 올바른 교육을 해야 한다. 여러 과목과 연계하여 현실을 반영한 살아있는 성교육을 해야 하며 성 소수자의 권리 등에 대한 교육도 철저히 이뤄져야 한다. 성에 대해 은폐하는 폐쇄적인 성문화에서 벗어나 성과 관련한 논의를 충분히 해야 이러한 성범죄를 막을 수 있다.

한국에서 일어난 충격적인 디지털 성범죄 사건으로 인해 성범죄로부터 자녀를 보호하기 위해 성교육에 대한 관심과 경각심이 높아지고 있다. 하지만 무엇부터 시작해야 하는지 모르는 부모가 대다수인 경우가 많다. 가정 내 성교육은 유치원생 때부터 시작할 수 있다. 가장 먼저 생물학적인 것부터 알려줄 수 있는데, 이를 다루고 있는 그림책의 도움을 받아 생물학적인 성에 대해 알려주면 좋다. 하지만 이것만으론 부족하다. 최근 디지털 성범죄의 피해자 및 가해자 연령이 계속해서 낮아지고 있는 만큼 자녀가 인터넷에 접근할 수 있는 나이가 되면 현재 성과 관련된 여러 문제가 발생하고 있고 자신에게도 일어날 수 있는 일임을 알려줘야 한다. 이에 대한 경각심을 심어줘야 갑작스러운 상황에 대처할 수 있다.

디지털 성범죄의 경우 스마트폰을 통해 발생하는 경우가 많다. 과거보다 자녀가 스마트폰을 접하는 연령도 낮아지고 있어 어린 나이에 디지털 성범죄에 노출될 수 있기 때문에 각별히 주의를 기울여야 한다. 스마트폰 사용을 가능한 금지 하고 유해 사이트 차단 기능 등을 활용할 수 있지만 이러한 방법보다 훨씬 중요한 것은 자녀가 유해한 것들을 스스로 인지하고 멀리할 수 있도록 교육하는 것이다. 무엇보다 이런 문제에 대해 자녀와 언제나 이야기할 수 있도록 분위기를 조성하는 것이 중요하다. 이를 위해서는 부모와 자녀 사이의 신뢰가 필수다. 실제로 성과 관련한 문제가 발생했을 때도 자녀가 죄책감을 느끼지 않도록 하는 것이 중요하고 부모에게 터놓고 이야기하며 어떻게 해결해나갈지를 함께 고민할 수 있도록 해야 한다.

물론 성과 관련된 이야기, 특히 성범죄와 관련해서 피해 사실이나 가해 사실을 부모에게 밝히는 일은 쉽지 않다. 그래서 가장 중요한 것은 자녀를 한 명의 인격체로 존중하고 이야기를 경청하는 것이다. 적지 않은 부모가 자녀와 이야기할 때 지시하는 말투로 말하게 되는 경우가 많은데 동등한 입장에서 대화해야 한다. 아이들의 이야기를 경청하고 어떤 이야기든 편하게 할 수 있는 분위기와 여건을 만들어가야 한다. 일상에서 자녀와 대화가 잘 이뤄지지 않는다면 일정 기간 자녀와 단둘이 여행을 하며 대화를 끌어내는 방법 등도 생각해봐야 한다.

북유럽 교육에는 한국과 다른 특별한 점들이 있다. 가정에서부터 평등과 존중을 가르치고 자녀가 아주 어릴 때부터 자신의 일을 스스로 결정하고 책임지도록 하는 것이다. 사회·문화적으로 고정된 성역할을 주입하지 않고 양성평등을 강조하며 사교육, 영재학교도 없다. 가르치기보다 교감하고, 훈육하기보다 소통하며, 아이들의 결정을 존중하고 지원한다. '내 아이는 어떤 부모를 원하는가'에 초점을 맞춰 자녀를 부모가 원하는 모습으로 만들기보다는 믿고 기다리면서 스스로 서는 힘과 생각하는 힘을 길러주는 게 부모의 역할이라고 여긴다.

가정에서의 성교육이 중요한 만큼 학교에서의 성교육도 중요하다.

현재 한국 학교의 성교육 표준안은 2015년 이후로 개정이 이루어지고 있지 않다. 시대의 흐름을 반영하지 못한 교육안으로 학생들을 가르치고 있는 것이다. 이에 대해 국제 기준을 따른 '포괄적 성교육'을 해야 한다는 목소리가 높다. 포괄적 성교육이란 살아가면서 접하게 되는 성에 대한 모든 것을 가르치는 교육이다. 포괄적 성교육은 인간의 성과 관련된 상황에서 서로를 존중하고 이해하는 법을 배우는 것을 목표로 한다. 포괄적 성교육이야 말로 삶에 필요한 실질적인 교육이다. 성교육 방식을 포괄적 성교육으로 전환하고 성교육 표준안을 새로이 하는 것도 중요하지만 사회 전체가 함께 토론하며 성 문제의 심각성에 대해 모두가 인식하도록 해야 한다.

이를 위해서는 가정과 학교에서 끊임없이 이야기하고 토론하는 것 외에는 방법이 없다. 성교육은 구체적인 사례를 통해 교육하는 것이 효과적이므로 몇몇 실제로 일어날 법한 사례를 바탕으로 학교에서 성교육을 하는 것도 바람직하다. 반대로 근본적으로는 성이 얼마나 아름답고 귀중한 것인지도 교육을 통해 인식할 수 있도록 해야 한다.

* 인터뷰 재구성 글
이은혜, "반동성애진영이 발목잡는 포괄적 성교육 '스웨덴이 성적으로 문란하다고? 여기는 N번방 없다'", 『뉴스앤조이』, 2020.9.29.
최유란, "부모 자녀 사이 신뢰가 성범죄 막는다… 가해 예방 교육도 중요", 『에듀동아』, 2020.4.24.

매를 들면 아이를 망친다
- 아동 체벌 금지 도입이 시급한 이유

최근 끔찍한 아동 학대 사건이 여럿 일어났다. 지속적인 학대를 받은 9살 어린이가 여행 가방 속에 7시간 갇혀 있다가 숨진 것이 그 하나다. 놀라운 것은 사망 사건 한 달 전 이미 이 어린이는 이마가 찢어지고 몸 곳곳에 멍 자국이 심해 의료진에 의해 아동 학대 피해자로 경찰에 신고되었다는 사실이다.

또 다른 사건은 경남 창녕에서 9살의 여자 어린이가 성인용 슬리퍼를 신고 도로에서 도망치듯 뛰어가다 지나가던 주민에게 발견된 사건이다. 온몸에 피멍이 들어 있었고 머리가 찢어져 피를 흘린 흔적이 있었으며 손가락은 심하게 화상을 입었다. 쇠사슬을 목에 찬 채 베란다에 묶여 있다 옆집 베란다를 통해 탈출했다고 한다.

두 경우 모두 전혀 상상이 가지 않는 폭력을 자녀에게 가한 사건들이며 이들의 행위는 일반적인 체벌이나 학대 수준을 넘는 고문이다.

이 사건들은 세상에 알려졌기에 사회적으로 큰 문제가 되었지만, 드러나지 않은 가정 폭력은 이루 말할 수 없이 많을 것이다. 통계에 의하면 2018년 기준 아동 학대 사례는 2만 4,604건에 달하며, 가해자의 77%가 부모이고 80% 이상이 가정 내에서 발생했다고 한다.

이런 배경에서 아동복지법 제4조 3항 '원가정 보호 원칙'의 개정을 심각하게 고려할 필요가 있다. 원가정 보호 원칙이란, 국가와 지자체는 아동이 태어난 가정에서 성장할 수 있도록 지원하고, 아동을 분리해 보호할 경우에는 신속히 가정으로 복귀할 수 있도록 지원해야 한다는 것이다.

그러나 법의 취지와는 달리 원가정 보호 원칙은 원가정의 환경 개선에 대한 엄밀한 평가 없이 피해 아동을 다시 원가정으로 돌려보내 학대를 받는 원인이 되고 있기도 하다. 두 번째 창녕 학대 사건이 바로 그런 경우다. 피해 아동은 위탁가정에서 2년간 생활하다 2017년에 친모와 계부의 가정으로 복귀했다고 한다. 위 두 학대 사건은 친부모가 가장 좋은 부모라는 것이 단지 신화일 수 있음을 증명하고 있다.

부모의 징계권을 개정하여 아동 체벌을 명시적으로 금지하겠다고 나선 법무부의 민법개정을 크게 환영한다. 1958년에 제정되어 이제까지 문제가 되어온 민법 제915조(징계권)는 "친권자는 그 자(자녀)를 보호 또는 교양하기 위해 필요한 징계를 할 수 있고…(중략)"라고 자녀에 대한 징계권을 규정하고 있다.

이 조항은 사실 오랜 유교적 전통에서 부모와 자녀의 관계를 명문화한 것이다. 그동안 체벌을 통하여 자녀를 훈육하는 것을 허용하고 미화하기까지 한 조항이다. '징계할 수 있다'는 대목은 자녀에 대해 '체벌할 수 있다'로 이해되었고, 부모의 체벌이 법원에서 면죄부로 작용하여 정당화되기도 했다.

무척 늦은 감이 있지만 이제라도 아동의 양육과 관련된 모든 법 조항들을 개정하여 가정에서의 훈육을 위한 체벌을 일절 금지하기를 기대한다. 사실 위에서 언급한 두 사례는 자녀를 보호 또는 교양하기 위하여 체벌을 사용한 게 아니다. 통제할 수 없는 분노가 폭발했거나 정신질환이 있었다고 해도 도저히 이해하기 힘든 잔인한 폭력이다.

이러한 학대는 관련법의 개정만으로 예방할 수 없다. 아동 학대를 최대한 빨리 파악하여 분리 및 보호 조치를 취하고 가해 부모에 대해서는 정신과 치료가 수반되지 않으면 안 된다. 일상에서 자주 일어나는 가정 내에서의 체벌들은 체벌금지 조항의 개정이나 체벌금지법의 제정으로 체벌에 대한 사회적 통념 또는 문화의 변화로 예방할 수 있다.

이 분야에 대해서는 스웨덴이 좋은 사례다. 스웨덴은 세계 최초로 학교에서뿐만 아니라 가정에서도 아동(자녀)에 대한 체벌을 금지한 나라다. 1960년대 후반부터 1970년대 스웨덴에서는 체벌 문제에 관하여 활발한 사회적 여론 형성과 토론이 일어났다. 1971년 '사회에서의 아동의 권리(BRIS)'란 조직이 만들어졌고 이 조직의 가장 큰 목적이 바로 '체벌 금지'였다. 이 조직은 1980년에는 '아동을 위한 SOS 전화'를 개설하고 이후에는 메일과 문자로 확대하여 어린이들이 언제든지 체벌이나 학대 문제에 대해 전문가들과 상의할 수 있게 했다.

이러한 사회적 토론과 운동을 통해 스웨덴은 국가 차원에서 1979년 전격적으로 '부모법(Föräldrabalken)'에 체벌 금지 조항을 삽입했다. 스웨덴 부모법 제6장 1조는 "아동은 안전한 가운데서 좋은 양육을 받을 권리가 있다. 모든 아동은 한 명의 인간으로 그리고 개성을 가진 존재로 존중받아야 되고 체벌 또는 기타 굴욕적인 대우를 받아서는 안 된다"라고 규정하고 있다. 스웨덴 역시 이 법이 제정될 때 적지 않은 부모들이 말 안 듣는 아이를 체벌로 다스려야 한다며 반대했다고 한다.

폭력은 크게 두 가지로 나눌 수 있다. 하나는 때리는 것을 위시한 육체적인 폭력이고 다른 하나는 고함, 욕설, 모욕적 언어 등 정신적인 폭력이다. 체벌 금지는 이 두 가지를 모두 금지하는 것으로 스웨덴과 한국이 1991년 비준한 유엔아동권리협약(UNCRC)도 이를 명확하게 하고 있다. 유엔아동권리협약은 아래와 같이 아동의 생존, 발달, 보호에 관한 기본 권리를 명시하고 있다.

"당사국은 아동이 부모, 후견인, 기타 아동 양육자의 양육을 받고 있는 동안 모든 형태의 육체적 정신적 폭력, 상해나 학대, 유기나 유기적 대우, 성적 학대를 포함한 혹사나 착취로부터 아동을 보호하기 위하여 모든 적절한 입법적, 행정적, 사회적 및 교육적 조치를 취해야 한다."(UN아동권리협약 제19조 1항)

이와 같이 스웨덴은 국내에서의 체벌 금지에 대한 입법, 사회단체에 대한 국가로부터의 행·재정적 지원, 국제적 협력 등을 통해 아동에 대한 체벌은 절대 금지라는 것이 이제 사회적 통념으로 자리 잡았다. 부모가 자녀에게 손찌검을 하거나, 심한 고함으로 꾸지람하거나, 모욕적인 언어로 비하하거나 욕설을 하면, 자녀가 위에 언급한 SOS 전화로 신고할 정도가 되었다.

우리 사회에서도 체벌 금지가 사회적 통념이 될 수 있도록 관련법 개정, 여론 형성, 사회적 운동, 그리고 학교에서의 교육 등이 다각도로 이뤄져 아이들이 좀 더 안전하고 행복하게 자랐으면 좋겠다. 자녀를 부모의 소유물이나 일방적인 훈육의 대상이 아닌 함께 토론하고 결정하는 동등한 인격체로 인정해주면 좋겠다. '사랑의 매'는 결코 없으며, 체벌은 씻기지 않는 상처를 남긴다는 것을 유념할 필요가 있다.

『오마이뉴스』 2020년 6월 15일

한국과 스웨덴의 정인이 사건

      끔찍한 아동학대 사건이 또 일어났다. 9살 어린이가 여행 가방 속에 7시간 갇혀 있다가 숨진 사건이 일어난 지 얼마 되지 않았는데 이번에는 겨우 16개월 된 정인이가 배에 가해진 충격으로 인한 복강 내 출혈 등의 원인으로 사망했다.

  스웨덴에서도 얼마 전 유사한 사건이 일어났다. 약물 중독자 부모가 출산과 동시에 양육을 포기하자 아이는 보모에게 맡겨졌고 보모의 슬하에서 사랑받으며 자랐다. 그런데 아이가 3살이 되던 2019년 부모가 다시 친권을 요구했다. 사회복지사 측은 부모의 양육역량 문제를 들어 반대했으나 고등법원은 친권에 무게를 둔 법에 따라 아이를 부모에게 돌려보내라는 판결을 내렸다. 부모에게 돌아간 지 9개월 만에 아이는 온몸에 멍이 들고 영양실조 상태로 사망했다. 두 사건 모두 결코 일어나서는 안 될, 사회가 꼭 막았어야 할 사건이다.

이 두 사건 후 한국과 스웨덴 정치권은 발 빠르게 대처했다. 한국 국회는 그동안 비난의 대상이었던 민법 제915조 자녀 징계권을 삭제함으로써 아동학대를 명확하게 금지했다. 나아가 '아동학대 범죄 처벌 등에 대한 특례법'을 통과 시켜 아동학대 신고 시 수사기관과 지자체는 의무적으로 수사·조사하고 피해 아동을 가해자로부터 분리하는 것이 용이해졌다.

스웨덴 의회는 친권을 약화하고 부모의 양육역량에 무게를 두는 형태로 법을 개정했다. 스웨덴의 경우 사회복지사 측의 판단이 옳았고 법의 문제였기 때문에 법 개정으로 문제를 해결하면 됐다. 그러나 한국의 경우 아동보호전문기관(아보전)과 경찰 판단과 결정에 문제가 있었다. 이런 경우는 사건 후 반드시 평가가 뒤따라야 한다. 평가는 두 가지 차원에서 할 수 있다.

하나는 지침(매뉴얼) 문제다. 아보전 직원이나 경찰이 사용한 지침이 정인이 사태와 같은 아동학대에 대하여 어떤 형태로 조사·수사하도록 하는지 면밀히 검토해야 한다. 또한 지침이 현실과 연구를 종합하여 가정에서의 아동학대 실정에 맞게 만들어졌는지, 점수 시스템은 아동학대의 심각성을 제대로 반영했는지 등을 평가해야 한다.

예를 들어 첫 번째, 두 번째 신고 때 허벅지의 멍과 쇄골에 금이 간 것을 파악하고도 왜 전문 의사에 의뢰하지 않았는지, 왜 아동학대 점수가 양부모와의 분리 수준에 이르지 못했는지 등이 지침의 문제인지 평가해야 한다.

다른 하나는 사람의 문제, 즉 담당 직원의 전문성 문제다. 담당 직원과 경찰은 아동학대에 관한 전문적 지식과 경험을 갖추고 있는지, 지침의 전체적인 요구와 의도를 잘 숙지하고 있는지, 다른 담당자가 조사·수사를 했어도 같은 점수와 결정을 내렸을지를 검토해야 할 것이다.

특히 세 번째 신고 때 정인이를 진단한 소아과 의사는 정인이의 체중이 줄고 혼자 걷지 못할 정도로 영양 상태가 불량하다는 진단을 내렸고 이에 경찰과 아보전은 분리조치가 필요하다고 판단했으나 양부모의 강력한 반대로 사례관리란 조치만 내린 이유가 어디에 있는지 담당자의 전문성에 비추어 평가해야 할 것이다.

결국 세 차례의 학대 정황 신고 모두 양부모로부터 정인이를 분리할 정도의 점수가 되지 않은 것과 양부모의 얘기만 듣고 내사 종결 또는 무혐의 처분을 내린 것이 지침의 문제인지 담당자의 전문성 문제인지를 평가해야 할 것이다. 평가는 담당자의 책임을 묻는 데 있다기보다 제도(지침)를 개선하고 사후 사례 학습을 통하여 담당자의 전문성을 높이는 데 초점이 맞춰져야 할 것이다.

만약 지침의 문제라면 스웨덴에서 사용하는 'BBIC(아동의 필요성을 중심에 두고) 삼각모형'을 고려할 필요가 있다. 이 모형은 가정에서의 아동폭력을 '아동의 성장·발달 과정', '가정과 환경', 그리고 '부모의 (양육)역량'이라는 세 측면에서 아주 세밀하고 깊이 있게, 그리고 즉각적으로 조사하고 친권보다 아동에게 필요한 것과 최선이 무엇인가에 초점을 두고 있다.

스웨덴 사회복지사 측이 법원과 다른 판단을 내린 것도 바로 이런 지침과 담당자의 전문성 때문이 아닌가 한다. 법과 제도 그리고 그것을 운용하는 사람(담당자)의 전문성이 어깨를 나란히 할 때 정인이 사태를 조금이라도 예방할 수 있다.

『국제신문』 2021년 2월 3일

스웨덴 신문이 파헤친 국제입양의 충격적인 이면
- '그들은 입양에 관한 진실을 알고 싶다'

최근 스웨덴에서는 1950년대 초부터 시작된 국제입양이 큰 사회적 문제로 대두되었다. 발단은 스웨덴 최대 일간지 『다겐스 뉘헤테르(Dagens Nyheter)』(이하 DN)의 기사였다. 2월 20일부터 사흘에 걸쳐 3명의 기자가 1면 머리기사를 필두로 무려 28쪽 전면을 할애해 "그들은 입양에 관한 진실을 알고 싶다"라는 제하의 입양특집 기사를 연재했다.

20일 자 제1 특집은 "한국에서 온 카롤라, 칠레에서 온 다니엘, 에티오피아에서 온 한나: 그들은 스웨덴이 입양에 책임지기를 원한다", 21일 자 제2 특집은 "아이들을 칠레의 엄마들로부터 뺏어 스웨덴으로 날려 보냈다: 나의 삶은 하나의 커다란 거짓이었다", 22일 자 제3 특집은 "입양을 조사하는 스웨덴 기관: 우리는 (입양이) 합법적으로 윤리적으로 잘 이뤄졌다고 보증할 수 없다"라는 제목을 달았다.

DN은 이 3개의 특집 기사 외에도 관련 기사 3개를 더 실었다. 2월 23일 사민당 사회부 장관 인터뷰, 27일 야당 보수당 당수 인터뷰, 그리고 3월 7일에는 스웨덴이 어떻게 해서 세계에서 입양을 가장 많이 한 나라가 됐는지에 대한 역사적 분석으로 마무리했다. 이러한 특집은 사회 문제를 '조사하고 파헤치는' 스웨덴 언론의 전형이라 할 수 있다.

제1야당인 보수당 당수는 인터뷰에서 스웨덴 입양의 심각한 과오를 가감 없이 파헤친 '입양백서'를 요구했고 사민당 사회부 장관은 인터뷰에서 그리고 이어진 3월 2일 의회 토론에서 1960년대부터 1990년대까지 스웨덴의 국제입양에 어떤 문제가 있었는지, 입양 과정에서 스웨덴의 역할은 무엇이었는지 밑바닥까지 조사하고 입양아들을 돕겠다고 했다. 의회의 다른 정당들도 정부가 위원회를 구성하여 연구·조사해야 한다고 한 목소리를 냈다.

DN의 특집 기사 이후 여러 매체를 통하여 입양에 관한 논의는 계속되었고 3월 10일 자 'DN 토론란'에서는 한국 입양아단체 셋을 포함하여 스웨덴의 모든 입양아단체 대표 12명이 입양 과정의 문제점을 지적했다.

"스웨덴 사람들의 입양 수요 때문에 국제입양이 형성·발전되었고 동시에 입양 비리가 발생했으며, 시간의 흐름에 따라 입양은 거의 영구적으로 정착되어 결국 세계 입양사업에 엄청난 돈이 오가는 것 아니냐?"

이들은 나아가 스웨덴도 네덜란드의 선례를 따라 국가 차원에서 연구 · 조사해야 하지만 네덜란드처럼 입양아를 보낸 나라를 제한하지 말고 조사 기간도 최대한 확장하여 2010년대 말까지로 할 것을 요구했다. 또 입양기관이 위원회에 참여하지 못하도록 하여 독립적이고 공정한 연구 · 조사로 스웨덴 국가의 개입과 역할을 파헤칠 것을 요구한 토론문을 기고했다.

DN 특집에서 보여준 통계를 종합하면 스웨덴의 국제입양은 1970~1980년대에 절정을 이루며 1950년대부터 오늘날까지 한국 (8937명), 인도(6969명), 콜롬비아(5498명), 중국(4166명) 등 100개국이 넘는 나라들로부터 약 6만 명을 입양했는데 한국에서 가장 많은 입양아를 받아들였다.

DN은 첫 번째 특집에서 20명의 입양아 인터뷰와 사진을 실었다. 이들은 모두 성인이 되어 자신을 낳아준 나라로 돌아가 부모나 친척을 만났으며 자신의 입양 서류에 나와 있는 내용이 부모 · 친척들의 증언과 완전히 다른 것을 보여준다. 이들 입양아의 증언을 요약하면 다음과 같다.

서류에는 엄마가 출산 중 사망, 가난, 질병, 교통사고, 미혼모 등의 이유로 자신들을 키울 수 없어 보육원 등에 버렸고 다시 입양기관으로 넘겨져 해외로 입양시켰다고 되어있으나 이들 부모의 증언은 달랐다. 길거리, 병원, 어린이집 등에서 아이들을 유괴하거나 훔쳐 팔아넘기거나 가족 중 누군가가 강제로 입양시키거나 엄마 혹은 부모 몰래 또는 이들의 동의 없이 입양시켰다는 것이다. 즉 유괴, 강탈, 아동 매매, 아동 신분 세탁, 서류 조작 등을 통해 국제입양이 이뤄진 것이다.

DN에 실린 20명 입양아 중 한국에서 입양된 두 명은 다음과 같이 증언했다.

안정미라는 한국 이름을 가진 카롤라는 1977년에 태어났고 태어난 지 6개월 만에 입양되었는데 서류에는 '부모가 동거를 했고 아버지가 다른 도시에 직장을 얻게 되었다. 엄마가 임신한 걸 알고 아버지를 찾았지만 찾지 못했고 어머니는 나를 혼자 키울 수 없었다'고 되어있었다. 카롤라가 성인이 되어 자신의 생모를 다시 만났을 때 생모는 다음과 같이 얘기했다. '엄마는 옆집 젊은이와 짧은 관계를 가졌고 외할머니가 나를 입양시켜버렸다. 엄마는 말할 권리도 없었다…' 카롤라는 현재 경찰기관에서 일하고 있으며 '우리 입양아들에 대해 좀 더 이해해주기를 바란다. 우리는 이 사회에서 기능적으로는 잘 살고 있어도 큰 어려움을 겪고 있다'고 밝혔다.

1983년에 태어난 마델레인은 한국 이름이 심인영이고 한 살 반에 스웨덴으로 입양되었다. 서류에는 '어머니는 혈액병에 걸렸고 아버지는 입대했다. 아이를 키우려고 한 할아버지는 교통사고로 몸이 마비되었다'고 기록되어 있다. 그런데 그게 사실이 아니라는 것을 30년이 지나서야 알게 되었다. 엄마가 나를 버린 게 아니고 나는 유괴를 당했고 입양 당시 또 다른 입양아와 신분이 바뀌어 미국으로 가야 할 내가 다른 아이의 서류를 들고 스웨덴으로 온 것이다. 30년 후 나는 페이스북을 통해 이모와 연락이 닿아 프랑스 파리에서 만났고 엄마도 파리로 날아와 우리는 만나게 되었다. 엄마는 나에게 '용서해달라'고 빌었다며 마델레인은 스웨덴이 이 문제에 책임을 지기를 바란다고 했다.

　DN은 한국의 스웨덴 입양에 대해 상당한 지면을 할애하며 국제입양 문제를 논하고 있다. 입양 역사를 논하며 한국 사례를 드는 것은 어쩌면 한국이 한국전쟁이 끝난 1953년부터 오늘날까지 스웨덴에 가장 많은 입양아를 보냈으니 당연하리라. 역사적 논의뿐 아니라 입양에 얽힌 불법, 비리 등도 한국과 관련하여 많이 언급하고 있다.

　1970년대 말 스웨덴에서 두 번째로 큰 입양기관의 한 책임자는 한국 입양아 중 매년 50~60명이 서류에는 '버려진 아이'라고 기록되어 입양되고 있으나 사실은 '길을 잃은 아이'를 입양했다며 불법으로 입양한 것을 인정하는 기사도 실렸다.

　입양을 감사하는 스웨덴 국가기관인 '가정권리와 부모지원청'(이하 Mfof) 직원은 2014년 한국 출장에서 '한국 당국은 입양 부모를 찾으려고 노력했는가'라는 질문에 한국 관리로부터 확실한 대답을 듣지 못했다고 진술했다. 또 한국의 입양기관이 입양 대상 부모에게 입양에 관해 조언한다고 했는데 그것이 '중립적'인가에 대한 확신도 없었다고 했다.

　2019년 8월 한국 주재 스웨덴 대사관에서 Mfof에 보낸 정보에 따르면 한국의 입양기관들은 입양의 긍정적 측면을 내세워 입양을 홍보하고 종용하기 위하여 입양 부모들을 직접 만난다고 한다. 한국인을 스웨덴에 입양 보낼 때 불법적인 일이 있었다는 것은 한국에서는 이미 널리 알려진 사실이라고 했다. 필자의 조사에 의하면 사실 지금도 한국의 각 지역에 있는 미혼모 및 한 부모 가족 지원시설에 입양기관

직원들이 방문하여 미혼모들에게 자신과 아이들에게 국제입양이 최선이라며 국제입양을 종용한다고 한다.

스웨덴의 입양 과정은 이렇다. 한 가정이 입양을 원한다고 지자체에 신청하면 지자체는 그 가정의 입양 조건을 조사하고, 입양을 원하는 부모가 스웨덴 입양단체에 돈을 지급하면 입양단체는 입양할 아이가 있는 나라와 접촉해 입양을 주선한다. 입양이 성사되면 입양하는 나라의 입양단체가 입양 보내는 나라의 입양단체에 돈을 지급한다. Mfof는 이 과정에서 입양이 합법적으로 이뤄졌는지 조사하고 정부에 보고한다. 하지만 Mfof는 '출생에서 입양까지 무슨 일이 일어났는지 알 수 없으며, 입양이 법적으로 윤리적으로 옳게 이뤄졌다고 보증할 수 없다'고 했다.

법적 문제뿐 아니라 국제입양에는 많은 돈이 오간다. 한국에서 입양된 마델레인은 인터뷰에서 '스웨덴에서 돈이 가고 한국에서는 아이가 온다'며 입양에 아주 냉소적이었다. 스웨덴 부모들이 지불하는 입양 비용은 어느 나라로부터 입양하느냐에 따라 다르지만 약 10~20만 크로나(약 1,300~2,600만 원) 정도라고 한다. 적지 않은 돈이 지구 반대편으로 가고 그 대가로 한 명의 아이가 스웨덴으로 오는 것이다. 즉 양 국가의 입양기관들이 기관의 유지를 위해서는 입양과 그에 따른 금전적 거래가 필수적이다.

입양 문제를 국제적으로 관리 · 규정하는 헤이그 국제아동 입양협약(이하 헤이그협약)에 의하면 국제입양은 언제나 아이를 위한 최선이어야 한다. 우선 국내입양을 고려한 뒤 국제입양을 하고 입양아 가족과 국가기관이 입양을 승인해야 한다. 그에 앞서 생모의 승인이 먼저 있어야 한다. 입양하는 과정에서 누구도 경제적 이익을 누려서는 안 된다고 규정하고 있다.

위 기사에서 언급된 20명의 입양아는 자신들의 입양이 헤이그협약을 위배했다는 것을 증언하고 있는 셈이다. 1980년대까지 세계에서 가장 많은 입양아를 해외로 입양 보낸 한국은 2013년 헤이그협약에 서명했으나 아직도 국내법(민법, 입양특례법)을 협약 수준으로 정비하지 못해 비준하지 못했다.

DN의 입양특집 기사는 한국 사회에 많은 문제를 제기하고 있다. 첫째, 스웨덴 신문이 밝혔듯이 입양하는 나라는 출생에서 입양까지 무슨 일이 일어났는지 알 수 없다. 이는 전적으로 입양 보낸 나라의 책임이다. 1970~80년대에 절정을 이뤘던 한국의 국제입양은 1990년 2,962명, 1995년 2,180명, 2000년 2,360명으로 2009년 이전에 16만 명 이상 입양 보냈고 그 후로는 차츰 줄어 2010년 1천 명대, 2015년 이후 현재는 매년 300명대에 머물고 있다.

DN에서 언급한 것처럼 한국의 국제입양이 아직도 헤이그협약을 위배하는 사례가 있는지 정부는 엄밀히 감사하고 그에 따른 책임을 져야 한다. 또 왜 한국은 아직도 헤이그협약을 비준하지 못하는지 그 이유를 밝혀야 할 것이다.

둘째, 2020년 5월 보건복지부에서 낸 보도자료에 의하면, "입양, 세상을 바꿀 순 없지만 한 아이의 세상은 바꿀 수 있습니다!"라고 외치며 여전히 국제입양을 권장하는 나라인데도 입양에 관한 연구는 활발하지 않다. 특히 입양되지 않고 보육원에서 자란 경우, 국내입양의 경우, 해외입양의 경우 아이들의 삶을 사례 중심으로 비교 연구한 것은 찾아보지 못했다.

한국의 보육원에서 자랐을 때 어떤 삶을 영위하게 되는지, 국내입양의 경우 어떤 가정에서 어떤 사회적 갈등을 겪으며 성장하는지 그리고 한 개인에게 더 좋은 삶을 제공하기 위하여 국제입양을 한다고 하는데 실제로도 그런지와 같은 문제를 심층적으로 비교, 연구해야 한다. 특히 최근에 일어난 양부모, 계모, 계부의 아동학대 사건들은 혈연 중심의 보수적, 가부장적 '정상 가정'의 이념에 매몰된 시대에 역행하는 일이며 국내입양의 인식에 문제가 있다는 것을 드러내는 사건들이다.

그렇다고 '한국은 아동수출국이다' 또는 '한국인으로서 부끄럽다' 등의 감정적 접근이 최선인 것도 아니다. 한 개인, 특히 어느 한 사회에서 버려진 아이의 시각에서 무엇이 최선인지 과학적으로 접근하지 않으면 안 된다. 입양기관들의 존재 이유와 필요가 아니라 과학적 연구에 기초하여 입양 정책을 세워야 하는 것은 말할 것도 없다.

스웨덴의 입양단체들이 요구했듯이 한국도 총체적이고 객관적인 국가 차원의 조사가 필요하다. 나아가 한때는 어쩔 수 없이 아이들을 해외로 입양 보냈지만, 이제는 세계 10대 경제국답게 그들의 모국 방문, 친부모 찾기, 귀화 그리고 자란 나라에서의 지원 등 여러 형태로 입양아들에 대한 성원과 지원을 아끼지 말아야 할 때이다.

지난 10년간 1500명 이상의 아이들이 베이비박스나 다른 곳에 버려지고 있다. 출생률 0.84인 세계 최저출생률 국가에서 왜 이렇게 많은 아이가 버림받는지, 어떻게 하면 정상 가정의 이념을 극복할 것인지 전 사회가 심각하게 고민하지 않으면 안 된다.

끝으로 원하지 않는 임신을 예방하기 위하여 현재 학교에서 제대로 된 성교육이 되고 있는지 냉철하게 분석하고 개선하지 않으면 안 된다. 최근 여성가족부의 어린이 성교육·성평등 교육 추천 도서가 보수사회의 심한 비난으로 수거되는 일이 벌어졌다. 덴마크에서 50년 전에 사용된 성교육 그림책 『아기는 어떻게 태어날까?』(담푸스, 2017)와 같은 일부 추천 도서가 동성애를 미화하고 조기 성애화를 부추기며 남녀 성관계를 노골적으로 표현한다는 이유에서다.

이러한 일련의 사건들이 원하지 않는 임신 및 출산에 어떤 영향을 미치는지 분석하고 성교육을 오늘날의 청소년 실태에 맞게 실질적이고 적극적으로 해야 할 것이다. 미혼모 및 한부모 가정에 대한 경제적 지원은 상당히 증가했음에도 이들에 대한 부정적 사회 인식은 변하지 않아 아이를 키우기 매우 힘든 상황이다. 이런 사회 인식을 개선하기 위하여 정부는 무엇을 했는지 앞으로 어떻게 할 것인지 냉철하게 자문하지 않으면 안 될 것이다.

『오마이뉴스』 2021년 4월 7일

우리 며느리는 부모가 넷이다

상견례는 자녀의 결혼을 앞두고 양가 부모들이 만나는 예를 갖춘 만남이다. 만나는 장소나 옷차림도 신경 써야 한다. 우리 부부는 얼마 전 런던에서 상견례 격으로 며느리의 부모를 만났다. 큰아들은 직장에서 만나 사귀던 여자와 런던에서 전격적으로 동거(삼부, Sambo)에 들어갔다. 이곳은 동거와 결혼이 똑같은 법적 지위를 가진다. 며느리는 독일 출생이고 아들 내외는 주택, 출산 등 미래를 설계하기 시작했으며 양가 부모를 런던으로 초대했다.

상견례 장소는 맥줏집(Pub)이었다. 택시에서 내려 펍에 들어가니 앉을 자리도 없이 사람들이 많았다. 맥주 판매대 앞에 서서 맥주를 들고 서로 첫인사를 했다. 며느리 부모 측에선 며느리의 어머니와 새아버지, 며느리의 아버지와 새어머니 이렇게 4명의 부모가 왔다. 맥주가 두어 잔 들어가니 서먹한 분위기도 사라졌다. 다음날은 주말이라 우리는 이틀 동안 식사를 같이 하고 2만 보 이상 런던 거리를 거닐며 관광을 했다. 며느리의 부모는 각각 새 배우자와 얘기하고 사진을 찍어주고 팔짱을 끼고 걸으며 애정을 표현했다. 그렇다고 옛 부부가 서로 원수진 것도 아니었다. 아주 다정하고, 딸과 셋이서만 얘기하기도 했다. 이뿐만 아니라 남편들끼리, 부인들끼리도 거리낌 없이 지냈다.

한국에서는 이혼하면 가정이 파탄 나고 재산 분할, 양육권 문제 등으로 소송까지 하며 원수가 되어 헤어지는 경우가 허다하다. 이혼에 대한 사회적 시선도 좋지 않다. 살다 보니 부부란 게 일심동체가 아니고 이심이체였다. 일심동체란 여성의 인격체와 독립성을 인정하지 않고 남성에 종속된 것을 도덕화한 가부장적 부부 모형이었다. 그리고 사랑도 처음 만났을 때처럼 언제나 뜨겁게 지속되는 게 아니었다. 아이를 낳고 키우다 보면 많은 갈등이 생긴다. 문제는 이런 위기를 어떻게 극복할 것인가이다. 계속 같이 살며 싸울 것인가? 원수로 헤어질 것인가? 재혼하여 제2의 기회를 가질 것인가?

젊은이들 사이에 이번 생은 망했다란 뜻의 '이생망'이란 단어가 있다. 삶이 오죽 힘들면 이런 단어까지 생겼을까? 어른도 마찬가지다. 한 번뿐인 생인데 싸우며 원수로 살다 생을 마감할 수 없지 않은가? 누구나 이생에서 행복하게 살 수 있는 권리가 있다. 많은 부부가 자녀 때문에 이혼하지 못하고 애정 없이 같이 산다고 한다. 그러나 다투는 부모에게서 자란 아이보다 재혼하여 행복하게 사는 부모에게서 자라는 아이가 정서적으로 더 안정되고 행복하다는 연구가 많다.

부모의 이혼으로 얼마나 힘들었을까 생각하며 며느리에게 부모의 이혼에 대해 물어봤다. 상상을 초월하는 긍정이었다. 부모는 자신이 너무 어렸을 때 이혼했고 당시 주위의 많은 부모가 이혼하여 이혼이 전혀 낯설지 않았다고 한다. 어머니와 같이 살았고 아버지랑 수영을 하거나 영화를 보고 여행을 하며 많은 시간을 보냈다고 한다. 자신의 대학 학비 문제로 부모가 다툰 적이 있지만 거의 다투지 않았다고 한다. 이제 자신이 아이를 낳아 독일의 부모를 방문하려면 두 군데를 가는 게 좀 힘들겠다는 생각이 든다고 한다. 그러나 부모가 각자 새로운 사람 만나 행복하게 사는 게 보기 좋고 자신도 행복하다고 한다. 이혼을 해도 부모가 언제나 가까이 있었던 것이 그렇게 좋을 수가 없었다고 한다.

그러니 대안이 없으면 원수 되기 전에 헤어진 뒤 제2의 기회를 찾고 자녀를 위해 최선을 다하자. 이제 동거(사실혼) 가정, 이혼 가정, 한부모 가정, 다문화 가정, 성 소수자 가정 등을 자연스럽게 받아들여야 한다, 또는 이들 가정을 소위 '정상 가정'으로 취급해야 한다는 말은 사족이 된다. 단지 여러 형태의 가정이 있을 뿐이다. 당연히 모든 가정에 동등한 법적 지위도 마련돼야 한다.

우리는 런던에서 헤어지며 며느리의 부모들에게 다음엔 스웨덴에서 만나자고 했다. 코로나만 없었더라면 아마 지금쯤 며느리의 네 부모는 스웨덴으로 왔을 테고 우리는 이어 독일 방문을 계획했을 것이다. 우리 며느리는 이제 여섯 명의 부모를 가지게 되었다.

『국제신문』 2020년 5월 27일

황혼이혼, 황금재혼

최근 스웨덴에서 노년층의 성과 결혼 문제에 대한 흥미 있는 연구 하나가 발표되었다. 60세 이상 노인 28명의 심층 인터뷰와 225명의 설문조사로 이뤄진 이 연구에 따르면 노년층에서 새로운 만남과 결혼이 상당히 활발하다고 한다. 스웨덴 통계청에 의하면, 인구 천만 남짓한 스웨덴에서 2019년 60세 이상 노인 중 공식적으로 4434명이 이혼하고 5657명이 결혼했다.

60대 이상 스웨덴 인구의 결혼과 이혼 실태

나이	이혼(명)	결혼(명)		나이	이혼(명)	결혼(명)
60~64	2019	2739		75~79	326	352
65~69	1210	1582	→	80~84	95	109
70~74	743	837		85~	41	38

노년층에서 이처럼 이혼과 결혼이 활발한 것은 의료 및 복지정책으로 점점 건강하게 오래 살게 되었고, 정년퇴직으로 시간이 많으며, 동시에 앞으로 살날이 그리 많이 남지 않았다는 시간 변수가 작용하기 때문이다. 마지막 기회일지도 모른다는 느낌 때문에 젊은이들에 비해 짧은 시간에 깊은 관계로 발전하는 것이다. 다시 새로운 배우자를 만나 관계 맺는 걸 전혀 기대하지 않았는데 의외로 이런 일이 일어나며, 일부는 젊었을 때 맺지 못한 인연을 나이 들어 다시 맺기도 한다.

노년은 사랑에서 외모가 그리 중요하지 않고, 젊었을 때는 쉽게 화내고 실망할 일도 훨씬 여유롭고 관대하게 보게 된다는 점 등 모든 것에서 간단해진다는 것이다. 노년의 결혼이 늘어나는 것은 지나간 삶에 얽매이지 않고 현재와 미래를 생각하며 사는, 즉 삶에 대한 가치 변화와 성찰의 결과라고 이 연구는 전한다.

나이 들어 만나는 사랑은 대체로 육체적 관계는 그다지 중요하지 않다고 알려져 있다. 대신 같이 식사하고 영화나 연극과 같은 문화생활을 하거나 함께 여행하는 친구 같은 관계가 중요하다고 한다. 그런데 이번 연구는 성적 매력이 새로운 관계를 맺는 데 아주 중요하다는 주장을 펴고 있다.

성관계는 더 이상 결혼에 얽매여 있는 게 아니라 사랑하면 가능하다는 뚜렷한 시각 변화를 보여준다. 사랑 없는 부부 사이의 성관계가 아무나 만나 관계를 가지는 것만큼 나쁘다고 인식하고 있다. 서로에 대한 사랑이 무엇보다 우선이 되었고 젊었을 때보다 성관계를 갖게 되는 시간이 빨랐다고 한다. 성 문제 치료제의 개발도 노년층의 성생활에 도움이 된다고 봤다.

이 연구는 노년층이 새로운 배우자를 만나고 결혼하는 데는 성인 자녀들이 부모의 때늦은 사랑을 긍정적으로 보는 자세가 중요하다고 지적했다. 특히 스웨덴은 부모의 이혼이나 결혼을 부정적으로 보는 다른 나라와는 달리 이를 긍정적으로 보는 경향이 있다. 자녀가 데이트 사이트에 부모의 등록을 돕기도 한다. 나아가 이혼이나 사별로 인해 혼자 사는 부모가 새로운 배우자를 만나면 자녀의 부양 부담이 줄어드는 것도 이유 중 하나란다. 노년층을 위시하여 1인 가구(190만)가 많은 것도 노년층에서 결혼을 긍정적으로 보는 이유다.

이것은 사회민주주의의 공동체적 경향 속 개인주의가 성숙한 스웨덴 특유의 사회문화로, 자녀의 결혼에 대해 부모가 개입하거나 반대하지 않는 것처럼 부모의 이혼과 결혼에 대해서도 자녀가 왈가왈부하지 않고 존중한다. 자녀에게 모든 것을 걸고 희생하는 부모가 아니라, 부모에게도 자신의 삶과 사회생활이 있고 이것은 자녀에게도 마찬가지로 적용되는 부모-자녀 관계 때문이다.

또한 이 연구에서는 나이 들어 새로운 배우자를 만날 때 동거나 결혼으로 서로 합쳐 같이 살 것인지 아니면 따로 살 것인지는 성별에 따라 차이가 있다고 전한다. 여자는 따로 살며 연인관계를 유지하는 걸 선호하고 남자는 합쳐 사는 걸 좋아한다. 즉 여자는 같이 외출할 동반자가 필요하고 남자는 누군가가 있는 집에 들어가는 걸 좋아한다고 한다.

결혼이나 동거로 살림을 합치지 않는 데는 유산 문제도 걸려 있다.

결혼이나 동거의 경우 특별한 계약서가 없으면 두 사람의 전 재산은 서로 절반씩 소유하게 된다. 위 공식 결혼 통계에 나타나지 않은 노년층의 새로운 사랑과 결합은 더 많을 것이다.

이렇게 나이 들어서 새로운 배우자를 만날 때 가장 두려운 것은 새 배우자가 병에 걸려 큰 부담을 안게 되는 것이다. 그럼에도 불구하고 새로운 배우자를 만나는 것은 더 이상 '죽음의 대기실'에서 사는 게 아니라 완전히 새로운 삶을 사는 대전환으로 받아들여진다. 갑자기 '미래가 있는 삶'으로 변하는 것이다.

우리나라도 많은 경향이 스웨덴을 닮아가고 있다. 수명이 길어지며 (초)고령사회로 돌입하고 있고 1인가구도 가파르게 증가하고 있다. 또 황혼이혼도 크게 늘고 있다. 그러나 나이 들어 새로운 배우자를 만나 같이 살거나 결혼하는 경우는 스웨덴만큼 많아 보이지는 않는다. 이는 노년층의 사랑과 결혼에 대한 사회적 인식이 관용적이거나 수용적이지 않고, 또 이런 부모에 대한 자녀의 시각도 긍정적이지 않은 데 기인하지 싶다.

결혼에 실패했거나, 원하지 않으며 혼자 살거나, 사랑하지도 않으면서 사회적 이목 때문에 헤어지지 못하고 함께 사는 것은 고통이 아닐 수 없다. 이번 생은 결코 망하지 않았고 그게 운명도 아니다. 다음 생은 없고 누구나 이생에서 행복하게 살 권리가 있다. 우리 사회가 노년층의 새로운 삶, 미래가 있는 삶에 대해 좀 더 관대해지길 기대한다.

『오마이뉴스』 2020년 10월 27일

4부

스웨덴 숲에서
제도의 발전을 모색하다

정치 없는 시민 없다

4월 총선을 앞두고 서울시교육청이 민주시민교육의 일환으로 학교에서 모의선거를 실시하기로 했다. 이에 대해 중앙선거관리위원회(이하 선관위)는 모의선거가 총선에 영향을 미치고, 공무원의 정당 및 후보자 지지도 조사나 발표 행위를 금지한 공직선거법에 위배된다며 모의선거를 금지했다. 모의선거 결과를 총선 후에 발표하는데도, 심지어 선거권이 없는 초등·중학생의 모의선거 교육까지도 금지시켰다. 이는 과도한 법 해석이며 그릇된 결정이다.

선거법의 이 규정은 구시대적인 헌법의 공무원과 교육의 정치적 중립성 (헌법 7:2, 31:4) 요구를 하위 법률에서 구체화한 것이다. 공무원의 정당 가입, 집단행위 및 선거운동을 금지한 국가공무원법도 헌법의 이 중립성 요구를 구체화한 것이다. 결국 헌법이 규정한 공무원의 정치적 중립 조항이 존속하는 한 선관위는 계속해서 모의선거와 같은 교육을 금지할 수 있다. 우리나라에서는 정치적 중립이 정치적 활동이나 정치에 대한 관심 표명까지 금지하는 것으로 악용된다. 공무원의 정치적 기본권을 박탈하고 민주시민교육을 저해하는 심각한 독소조항이다.

여러 나라가 모델로 삼는 스웨덴 경우, 위에서 언급한 어느 기본권도 금지하지 않고 있다. 공무원이란 개념도 없고 모든 사람은 법 앞에 평등하다. 심지어 군인 경찰 공무원에게도 단체행동권이 보장되어 있다. 그렇다고 군인과 경찰이 무분별하게 파업을 하거나 교사가 수업 시간에 특정 정당의 선전이나 선거운동, 즉 학생에게 'X당에 투표하라' 'X당의 정책이 훨씬 좋다' 등의 주입 교육은 하지 않는다. 정치활동은 업무시간 외에 한다.

인간은 정치를 떠나 살 수 없다. 교육, 의료, 주택, 노후, 안전 등 현대 국가의 많은 정책이 시민 일상에 직접 영향을 미친다. 그래서 정치의 중요성을 어릴 때부터 학교에서 가르쳐야 한다. 스웨덴의 기초학교(1~9학년)도 선거가 있는 해에는 모의선거를 한다. 학생들이 정당의 정책을 토론하고 투표하는 정도인 서울시교육청 모의선거 교육과는 차원이 다르다. 스웨덴 학생들은 의회에 진출해 있는 정당과 같은 정당을 학교에서 만들고 당 대표를 선출한다. 의회 정당들의 정책에 기초해 자신들의 정책을 만들고 유세하고 투표한다. 학생의 모의선거 결과는 각 학교가 발표하고 언론은 이러한 학생들의 모의선거 결과를 총선 전에 종합적으로 분석해 보도한다. 우리나라가 '교실의 정치화'를 우려하는 것과는 정반대로 모의선거 교육을 통해 학생의 정치 관심을 높이고 참정권을 극대화하려 한다. 유럽에서 30, 40대 수상과 10대 후반의 의회 의원이 나오는 것이 바로 이런 교육의 힘이다.

우리도 하루빨리 전근대적 정치 시각에서 벗어나 학생의 소리부터 들어야 한다. '자유롭고 민주적인 정치토론이 왜 문제인가?', '어릴 때의 민주주의 교육이 평생 민주주의자로 만든다', '교실의 정치판은 어른들의 터무니없는 주장이다'라고 학생들은 강변한다. 학생들이 각 정당의 정책을 객관적으로 분석하고 자유, 평등, 정의, 복지, 연대성 등 우리 사회의 주요 가치가 정책에 어떻게 녹아 있는지를 토론하며 정치에 대한 자신의 신념을 세워나가도록 해야 한다. 이런 민주시민교육을 통해 인기 위주 정책, 현실성 없는 정책, 세계사적 흐름과 시대에 동떨어진 구태의연한 정책을 정치에서 퇴출할 수 있다. 또한 각 정당 정책의 우선순위와 한계에 대한 이해도가 높아져 진영 간 갈등도 줄일 수 있다. 무엇보다 중요한 것은 정당들이 자신의 이념과 추구하는 가치에 따른 정책을 개발하지 않을 수 없게 된다. 이렇게 하지 않으니 우리 정치가 검증되지 않은 정책, 인신공격성 정쟁, 이합집산, 소영웅주의로 범벅돼 시민 생활과 복지와는 거리가 먼 후진적 행태를 면치 못하고 있다.

그래서 필자는 다음과 같이 주장한다. 최대한 빨리 헌법에서의 '정치적 중립성' 조항과 하위 법률에서의 정치적 기본권을 제한하는 조항을 폐지해 공무원을 민주시민으로 존중하라. 학생 때부터 민주시민교육을 철저히 해 학생을 건전한 민주시민으로 성장하게 하고 나아가 정치 및 정당 정책 발전에 기여하고 사회적 갈등을 줄이도록 하라. 선관위는 서울시교육청의 모의선거 교육 금지를 당장 철회하고 오히려 선거에 관한 축적된 경험과 지식을 학생의 민주시민교육을 지원하는 데 사용하라.

『국제신문』 2020년 3월 3일

차별금지는 역사의 흐름이다

지난 6월 29일 정의당 장혜영 의원이 다른 의원 9명과 함께 현 21대 국회에서 차별금지법을 대표 발의했다. 공동발의자로 참여한 다른 9명은 심상정 정의당 대표를 위시한 정의당 강은미, 류호정, 배진교, 이은주 의원, 열린민주당 강민정 의원, 기본소득당 용혜인 의원, 더불어민주당 권인숙, 이동주 의원이다. 법안 발의 정족수 10명을 채우는 데 어려움이 많았다고 한다. 국가인권위원회도 2006년 차별금지법 입법을 정부에 권고한 지 14년 만에 다시 6월 30일 국회에 '평등 및 차별금지에 관한 법률(평등법)' 제정을 촉구했다.

차별금지법 제정은 2007년 제17대 국회 당시 국가인권위원회의 권고로 노무현 정부의 법무부가 제출한 법안을 시작으로 제19대까지 정부가 1번, 국회의원이 5번 법안을 발의했으나 번번이 실패로 끝났다. 4개 법안은 임기 만료로 폐기되었고 2개는 철회되었다. 지난 20대 국회에선 정의당 의원 6명이 입법을 추진했으나 발의 정족수 10명도 채우지 못했다.

차별금지법이 이제까지 국회 문턱을 넘지 못한 이유는 간단하다. 차별금지법 제정을 발의하거나 발의에 참여한 의원에게 보수기독교 집단이 항의 전화, 욕설 문자 그리고 낙선운동 협박 등 무차별적 압력을 가했고 이를 견디지 못한 의원들이 꼬리를 내렸기 때문이다.

한겨레 보도에 의하면 장혜영 의원은 21대 국회의 모든 의원이 차별 반대에 동의하고 동참하리라 믿고 개별적으로 연락했다고 한다. 누구도 불필요하거나 동의하지 않는다고 한 사람은 없지만 '지금 참여하기는 어렵다', '미안하다'고 말한 의원들이 많았다고 한다. 아마도 이전에 보수기독교 집단의 공격으로 곤욕을 치른 동료들을 기억하며 몸을 사리는 것이리라.

20대 국회에서 차별금지법 토론회를 주최하고 법 제정에 강한 의지를 보였던 더불어민주당 금태섭 전 의원의 발언은 그런 의미에서 중요하다. 한겨레와의 인터뷰에서 그는 "당에서 차별금지법 제정에 의지를 보이는 것이 중요하다. 그렇지 않으면 개별 의원이 감당해야 할 몫이 너무 크다"라고 했다.

차별에 반대한다는 원론적 입장에 대하여 정치권에서 어느 정도 공감대가 형성되었는지 미래통합당에서도 '성적 지향' 문제를 제외한 차별금지법 발의를 검토했다고 한다. 이것만으로도 주호영 원내대표 휴대폰에 1만 통 가까운 '문자폭탄'이 날아드는 등 보수기독교 집단의 반발에 부딪쳤다고 한다.

장혜영 의원의 대표 발의나 국가인권위원회가 권고하는 차별금지 유형은 20가지가 넘는다. 국제적으로는 인종, 종교, 성, 성 정체성 및 지향성, 장애, 나이 등 대체로 7가지에 대한 차별금지에 주목하고 있다. 이 중 보수기독교 집단이 가장 문제 삼는 부분이 바로 성 정체성과 지향성이다.

성 정체성은 자신의 성이 무엇인지, 즉 이성애, 동성애, 양성애, 중성애, 트렌스젠더 등에서 어디에 속하는지의 인식 문제로 세밀하게 나누면 60가지가 넘는다고 한다. 이 성 정체성은 선택의 문제가 아니라 선천적으로 주어진 것이다. 그리고 지향성은 자신의 마음이 이끌리는 성별에 따라 살겠다고 하는 사회적 의지를 담고 있다. 즉, 이성애자가 이성과 사랑하며 결혼하듯이 동성애자도 떳떳하고 합법적으로 동성과 사랑하며 결혼하고 싶다는 것이다. 이러한 사회적 의지가 전통적 결혼관, 법적, 제도적 장치들에 도전을 주는 것이다. 특히 성 소수자에 대한 보수기독교 집단의 혐오는 이것이 교리 또는 자연의 섭리에 어긋난다는 이유다.

이제는 우리 사회도 성 소수자 문제에 대해 눈을 뜨고 이들에 대한 차별을 금지해야 한다. 특히 국민의 절대적 지지를 받아 국회의원 정족수의 3분의 2를 차지한 더불어민주당이 차별금지를 당론으로 채택하여 이제까지 무산되어온 '평등법' 또는 '선진법'이라 할 수 있는 차별금지법 제정에 박차를 가해야 한다.

필자는 이제까지의 연구들을 토대로 성 소수자에 대한 무지와 왜곡에 대하여 다음과 같이 종합적으로 정리한다. (참조. 황선준, 『왜 그는 한국으로 돌아왔는가?』, 살림터, 2019.)

첫째, 우리 사회는 성 소수자 문제를 직시하지 않으려 한다. 2015년 성교육 표준안에서 교육부는 성 소수자 문제를 아예 삭제하여 이와 관련한 성교육 자체를 못하게 했다. 물론 그 이전에는 잘했다는 얘기가 아니다. 그동안 우리 사회는 성 소수자가 존재하지 않는 것처럼 취급해 왔다. 그러나 성 소수자는 동서고금을 막론하고 존재했다. 과학자들은 인류의 8~10% 정도는 이성애가 아닌 성 정체성을 가졌다고 한다. 결코 작은 숫자가 아니며 덮어 둔다고 사라지지 않는다.

둘째, 동성애자를 비롯한 성 소수자를 정신질환자로 취급하는 경향이 있다. 동성애는 질병이고 치료하면 이성애자가 될 수 있다는 논리다. 동성애는 결코 정신질환이 아니다. 미국정신의학회는 1973년 동성애를 정신질환 목록에서 전격적으로 삭제했다.

과학자들이 동성애의 원인으로 유전자나 특정 사회적 환경이나 경험 등을 연구했지만 성 정체성과 지향성의 발달 원인에 대해 일치된 의견은 없다. 또 에이즈(AIDS)를 동성애 질환으로 보는 경우가 있는데, 에이즈의 원인은 HIV바이러스이지 동성애가 결코 아니다. 결국 동성애자를 환자로 만드는 것은 동성애가 아니라 동성애에 대한 우리 사회의 혐오와 차별이다.

셋째. 동성애가 신의 섭리, 자연의 섭리에 어긋난다는 주장이 있다. 그럼 '보노' 침팬지나 다른 동물 세계에서 존재하는 동성애를 어떻게 설명할 것인가? 과연 신은 무엇이며 자연은 무엇인가? 『사피엔스』(김영사, 2015)와 『호모 데우스』(김영사, 2017)의 저자 유발 하라리는 자연의 섭리에 어긋난다는 것은 아예 존재하지 않는다며 이 논리를 일축했다.

넷째, 보수기독교 집단은 차별금지법이나 이에 기초한 학생인권조례 등을 제정하면 동성애가 창궐하여 우리 사회의 종말이 온다고 난리친다. 이 관점은 성 정체성을 선택 가능한 것으로 본 것이다. 이는 결코 사실이 아니다. 이성애자가 자신의 정체성을 선택한 것이 아닌 것처럼 동성애자 역시 스스로 선택하여 동성애자가 되는 것이 아니다. 성 정체성은 결코 선택의 문제가 아니며, 따라서 허용할 것이냐 말것이냐의 문제도 아니다. 이성애자가 존재하듯 동성애자가 존재할 따름이며 이를 인정하고 허용한다고 해서 증가하는 것이 아니다.

다섯째, 성 정체성이 다른 것은 인정하나 동성애적 지향성은 받아들일 수 없다는 논리가 있다. 이는 동성애자가 홀로 고민하며 성 지향성을 숨기고 벽장에 숨어 평생 살거나 이성애자처럼 이성과 결혼하여 살라는 의미다. 그렇게 하면 사회적 차별도 없다는 것이다. 그러나 이것이 얼마나 잔인한 논리인지는 이성애자가 동성과 결혼하여 사는 것을 상상해 보면 자명해진다. 그래서 성 지향성은 보편적 인권 문제다. 그러니 동성 결혼 불가, 동성 간의 법적 보호자 불가 문제 등의 사회적 차별을 금지해야 한다.

이와 같이 성 소수자, 특히 동성애에 관한 대부분의 논리는 사실이 아닌 무지에서 비롯됐다. 이런 무지가 편견과 혐오를 낳으며, 이런 편견과 혐오는 차별과 폭력으로 이어진다. 이런 무지의 고리를 끊을 수 있는 가장 강력한 무기가 바로 교육이며 법이다.

우리가 제대로 모르고 있는 또 다른 하나는 기독교가 인류의 도덕 발전에 어떤 영향을 끼쳤는가 하는 역사적 사실에 관한 문제다. 마이클 셔머는 그의 768쪽에 달하는 방대한 역작『도덕의 궤적(The Moral Arc)』에서 지난 몇 세기의 도덕 발전은 종교(기독교)의 힘이 아니라 과학과 이성의 힘이라고 결론 내린다.

그는 구약과 신약의 교리 문제, 노예제도 폐지, 투표권 확대에 의한 성평등 그리고 동성 결혼 법제화에 의한 성 소수자 차별금지 등에 기독교가 역사적으로 얼마나 반대해 왔는지를 수많은 문서와 실제 운동 사례들을 예시하며 과학적으로 보여준다. 그리고 결국 노예제도가 폐지되고 성평등법, 성 소수자 차별금지법이 제정되고 난 후엔 오히려 기독교가 이를 위해 자신이 얼마나 기여했는지 반복적으로 생색내는 것도 보여준다. 이런 역사적 흐름으로 볼 때 이미 서구에서는 성 소수자 차별 금지가 법으로 제정되었고 한국에서는 이제 마지막 치열한 전투가 시작되었다고 할 수 있다.

차별 금지에 대한 긍정적 바람이 불고 있다. 더불어민주당 이낙연 의원이 국가인권위원회의 차별금지법 권고에 대해 7월 7일 "원칙적으로 저도 동의한다"라며 "국회에서 충분한 논의가 신속히 이뤄지길 바란다"라고 언급하며 불씨를 당겼다. 같은 당 이상민 의원은 '헌법에 주어진 인간의 존엄과 가치'를 실현하기 위하여 성적 지향을 포함한 차별금지법 발의를 준비하고 있다고 한다.

실제 차별금지에 대한 우리나라의 여론도 크게 변했다. 국가인권위원회가 '리얼미터'에 의뢰해 4월 22~27일 전국 성인 1000명을 대상으로 조사한 여론조사에 의하면 응답자의 88.5%가 차별금지를 법률로 제정하는 방안에 찬성한다고 답했다. 국가인권위원회가 지난해 3월 같은 질문에 대한 찬성률인 72.9%보다 무려 15.6%p 높은 수치다.

세계적으로도 유사한 변화가 일어나고 있다. 미국의 퓨 리서치 센터가 2019년 5월에서 10월 사이 34개국 38,400명을 대상으로 조사한 바에 의하면 52%가 동성애를 찬성하고 38%가 반대한다고 한다. 위 리얼미터 조사에서도 알 수 있었던 것처럼 한국에서 찬성률이 매우 증가했으며 나이가 중요한 변수로 작용했다는 평가다. 18~29세 사이의 청년 중 거의 80%가 동성애에 찬성하지만 50세 이상에서는 단지 23%만 찬성한다고 한다.

지역적으로도 유의미한 변화가 있는데 한국과 같이 남아프리카, 인도에서도 동성애에 대한 찬성 여론이 크게 증가했다고 한다. 네덜란드가 2001년 세계 최초로 동성 결혼을 법제화한 이후 현재 27개국이 뒤를 따르고 있다. 동성애에 대한 여론도 유럽과 남북미대륙에서는 대다수가 찬성하는 반면 사하라 이남의 아프리카와 중동에서는 아직도 절대적 다수가 반대하고 있으며 동성애를 금지하는 국가도 68개국이 된다고 한다. 그러나 이 연구는 이런 국가들에서도 현재 변화의 움직임이 있으며 법 개정을 하는 나라들도 있다고 밝히고 있다.

성 소수자를 인정하고 이들의 사회적 권리를 지켜주는 것이 역사의 흐름이며 도덕의 발전이다. 보수기독교 집단도 이러한 역사적 흐름에 더는 반대하지 말고 예수의 평등정신에 따라 동성애에 대한 혐오를 그만 두고 공동체적 인류애를 보여주길 바란다. 완곡하게 말하여 종교인이 종교적 신념과 교리에 따라 사는 것을 존중해야 하듯이 종교인도 성소수자들의 인권을 존중해야 할 것이다.

아울러 스스로 '강력한 여당'을 표방하고 있는 여당도 더 이상 주저하지 말고 역사적 흐름에 동참하여 이제까지 해결하지 못한 보편적 인권 문제인 성 소수자의 차별 금지를 이번 21대 국회에서 법으로 제정하여 선진국의 문턱을 넘어서는 대역사를 이루길 기대한다.

『오마이뉴스』 2020년 7월 10일

안락사는 인간의 보편적 권리다

세상에 죽지 않는 사람은 없다. 죽음을 두려워하지 않는 사람도 거의 없다. 예부터 건강하게 살다 고통 없이 죽는 것은 큰 복이라고 했다. 죽음으로 가는 길이 짧으면 짧을수록 좋다. 어떻게 살고 어떻게 죽을 것인지, 죽음은 선택할 수 있는 것인지 등의 질문은 이 시대를 살아가는 우리에게 주어진 커다란 명제다.

최근 스웨덴에서 64세의 한 남성이 의사의 도움으로 스스로 목숨을 끊었다. 그는 하루하루 근육이 마비되며 허물어져 가는 ALS(근위축성측색경화증)라는 원인 불명의 불치병에 걸렸다. 2년 전 이 질병이 발목을 잡기 전까지만 해도 그는 세계 곳곳을 다니며 사이클 대회에 참여하고 매년 2만 5000㎞를 자전거로 달리는, 2018년 가을에는 자전거 세계 일주를 계획하기도 했던 매우 활동적이고 건장한 사이클 선수였다. 그러나 이 불치병으로 하루가 다르게 신체 곳곳의 근육이

마비되고 그로 인한 엄청난 고통과 무력감에 시달리던 그는 스위스의 병원에 안락사를 신청하여 올 7월 초에 생을 마감하기로 되어 있었다.

그러나 코로나 19 사태로 그의 스위스 행은 무산되었다. 그가 의사의 도움으로 생을 마감하기 직전에는 폐 근육이 작동하지 않아 산소를 주입해야 했고 오른팔을 움직일 수 없는 상황에까지 다다랐다. 매일 아침 그는 '내가 깨어나지 않았으면 얼마나 좋을까' '매일 더 나빠지는 것만 느끼며 이렇게 사는 게 무슨 의미가 있나'고 한탄하며 안락사를 금지한 스웨덴에 무척 화를 냈다고 한다. 그는 이러한 좌절감을 자신의 SNS에 호소했고, 이것을 본 스웨덴의 한 의사가 그의 자택을 방문해 치사량의 수면제를 제공하여 죽음을 도왔다.

스웨덴 남성이 불치병으로 안락사를 택한 것과는 달리 호주의 104세 구달 박사는 2년 전 다른 이유로 스위스에서 안락사를 택했다. 그는 84세에 운전면허를 취소당하고 90세를 넘어가면서 사는 것에 더는 재미나 행복을 느끼지 못했다며 '나의 죽음도 결국 나의 삶에 대한 선택이다'는 말을 남기고 생을 마감했다.

스웨덴에서 자살은 불법이 아니다. 아마 죽은 사람에게 죄를 물을 수 없기 때문일 것이다. 그러나 의사나 간호사가 환자에게 직접 약물을 투여해 사망에 이르게 하는 안락사나 의사가 제공하는 약물을 환자가 스스로 마시거나 투입하여 사망에 이르는 '사망 보조'(광의의 안락사에 포함되는 개념) 모두 금지돼 있다. 위 남성에게 사망보조를 한 스웨덴 의사는 이로써 의사면허증을 잃을 수도 있다. 그럼에도 그는 공개적으로 이 죽음을 도왔고 자신의 행동이 옳다고 믿으며 안락사 문제가 사회적 의제로 떠오르기를 원했다.

현재 스위스와 같이 안락사를 허용하는 나라는 네덜란드, 벨기에, 룩셈부르크, 독일, 캐나다, 콜롬비아, 호주의 빅토리아주와 미국의 일부 주다. 포르투갈, 뉴질랜드 그리고 미국 다른 여러 주에서 안락사 문제에 대한 논의가 진행되고 있다. 스웨덴에서도 최근 87명의 의사, 정치인, 법률가 등이 공동으로 안락사 허용을 요청하는 글을 스웨덴 최대 일간지에 실어 이 문제에 불을 지폈다.

최근 독일의 경우 헌법에 보장된 '죽을 수 있는 권리'에 죽음에 대한 보조를 받을 수 있는 권리가 포함된다고 유권해석을 내렸고, 캐나다에서는 2015년 대법원에서 불치의 병으로 극심한 고통을 겪는 성인이 원하면 의사의 도움으로 죽을 수 있는 것은 '인권'이라고 선언하며 안락사를 금지하는 것은 삶, 자유, 개인의 안전에 대한 권리를 침해하는 것이라고 했다. 안락사 찬성의 주 논리는 의외로 간단하다. 삶과 죽음을 스스로 결정할 수 있는 것이 인간의 보편적 권리라는 것이다.

우리나라도 2017년 연명의료결정법에 의해 생명연장을 거부할 수 있도록 했다. 크게 환영할 일이고 안락사에 한 걸음 근접한 결정이다. 이제 안락사에 관한 논의도 본격적으로 이루어지기를 희망한다. 위의 두 사례에서 보았듯 불치병으로 육체적, 정신적 고통만 겪는 경우나 아주 고령으로 삶의 의미를 전혀 느끼지 못하고 병실에 누워 비참하게 죽음만 기다리는 경우 인간으로서 존엄을 지키며 가족의 손을 잡

고 자신의 삶을 깨끗이 마무리할 수 있는 것은 그야말로 거부당해서
는 안 될 권리이다.

『국제신문』 2020년 8월 12일

낙태죄? 누구의 죄인가

정부는 지난달 7일 형법상 낙태죄를 그대로 두면서 임신 14주까지는 낙태를 허용하고, 임신 15주에서 24주 사이의 낙태는 성범죄에 의한 임신이나 여성의 건강과 사회경제적 사유 등 특별한 경우에만 허용하는 형법 및 모자보건법 개정안을 입법 예고했다. 이 입법안은 지난해 낙태죄는 헌법 불합치라는 헌법재판소의 결정에 따른 후속 조치로 임신 전체 기간 낙태를 금지한 현행법보다는 개선되고 현실을 반영한 점이 있다. 그러나 아직도 특별한 사유가 없는 낙태나 임신 24주 이후의 낙태(임신 중절)는 1년 이하의 징역이나 200만 원 이하의 벌금형을 받는 범죄라는 것이 여성들과 여성단체들의 반발을 사고 있다.

민주당 권인숙 의원은 형법(269조와 270조)에서 낙태죄 조항을 전면 삭제하고 모자보건법(제14조)에서는 임신 주수나 사유에 제한 없이 임신부의 결정으로 임신 중절을 할 수 있도록 하는 개정안을 발의했다. 이러한 '자유낙태'와는 반대로 산부인과 단체들은 의사 감독 없는 낙태 약물 도입에 반대하고, 낙태 가능 기간을 임신 10주 이내로 제한하고, 10주 이후에는 여성이나 태아의 건강에 심각한 문제가 있는 경우에만 낙태를 허용해야 한다고 주장하고 있다.

낙태에 관한 국제적 시각도 극에서 극을 달린다. 캐나다는 1988년 낙태죄 조항을 폐기하여 임신 기간과 상관없이 임신 중절을 허용하고 있으나 가톨릭 국가들은 아예 낙태를 금지하고 있다.

스웨덴 낙태법은 임신 주수에 따라 허용 요건이 달라지는 우리 정부의 입법안과 유사한 점이 있다. 임신 18주까지는 자유낙태가 가능하고, 18주 이후에는 여성의 건강, 태아의 결함 또는 사회적 문제 등의 특별한 사유가 있는 경우 사회청의 허가를 받으면 낙태할 수 있다.

스웨덴에서는 매년 약 3만 5,000에서 3만 8,000건의 낙태가 행해지고 있다. 임신 18주 이전까지는 자유 낙태할 수 있지만, 10대의 낙태는 성교육과 부모와의 소통으로 크게 줄고 있다. 낙태 시기도 점점 빨라져 2019년에 행해진 3만 6,000건의 낙태 중 약 60%는 임신 7주 전, 94%는 12주 전에 이뤄졌다. 이 시기 이후 낙태는 원하지 않은 임신에 의한 낙태는 드물고 고연령층 임신이 늘어나면서 태아의 결함에 의한 낙태가 많다고 한다. 이는 임신 16~18주가 되어야 태아의 결함에 대한 정확한 의학적 진단이 가능하기 때문이다. 임신 22주 이후의 낙태는 원칙적으로 금지되어 있지만 임부의 생명과 건강에 지장을 주거나 태아에 결정적 결함이 있으면 가능하다. 예를 들어 임신 22주 이후 사회청에 신청된 낙태는 매년 10건 정도인데 이 중 9건은 태아의 결함, 1건은 임부의 생명이 위협받기 때문이라고 한다. 후자의 경우 낙태보다는 조기 출산으로 여성과 태아의 생명 모두를 살리는 경우가 보고되고 있다.

스웨덴 낙태법이 정부의 입법안과 다른 점은 임부에 대한 처벌 조항이 없는 것이다. 즉 '낙태죄'라는 개념은 없다. 대신 무면허 또는 허용되지 않은 낙태 시술을 한 의사는 벌금 또는 징역형에 처한다고 되어 있다. 하지만 이 또한 보고된 사례가 없다.

임신 22주 이후의 낙태를 금지하는 것은 이 시기의 태아는 조산아로 태어나도 생존할 수 있고 DNA가 완성된 태아의 생명·생존권을 존중해야 하기 때문이다. 그러나 태아와 임부의 생존권이 상충할 때는 임부의 생명을 우선시한다고 한다.

스웨덴의 낙태법은 '여성의 자기 결정권'과 '태아의 생명·생존권' 사이의 조화를 이룬 법이다. 우리 정부도 여성의 결정권을 존중하여 형법의 낙태죄(269조) 부분을 삭제하고 특별한 상황을 고려하여 임신 24주 이후의 낙태 가능성도 열어둘 필요가 있다. 반면 무면허·불법 낙태에 대한 처벌 조항(형법 270조)은 그대로 두어야 한다. 나아가 원하지 않는 임신을 줄이기 위하여 학교에서부터 성교육을 철저히 하고, 남성의 책임회피를 막는 입법도 고려해야 한다. 임신 사실을 부모나 학교 등 주위에 숨기다 낙태 시기를 놓치는 청소년들을 위하여 익명으로도 쉽게 상담받고 의료지원도 받을 수 있는 '청소년 클리닉' 설립이 절실하다. 또 임신, 낙태, 출산 그리고 영유아 초기 건강 및 성장

에 이르는 전반적인 보건 및 의료 서비스를 제도화해야 한다. 미혼모
와 1인 가정에 대한 사회·경제적 지원을 통하여 여성 혼자서도 아이
를 키울 수 있는 여건을 마련하고 태아 생존권의 중요성에 대한 이해
를 구해야 한다. 무조건 금지하는 것은 해결책이 될 수 없다.

『국제신문』 2020년 11월 18일

기본소득이 아니라 부모보험제로 새로운 미래를

기본소득제에 대한 논란이 뜨겁다. 더불어민주당 내부에서 시기상조라 제쳐놓은 것을 김종인 통합당 비대위원장이 '빵 먹고 싶을 때 빵 사 먹을 물질적 자유를 주자'며 기본소득제에 다시 불을 지폈다. 이에 주요 대권 주자들이 토론에 뛰어들며 정치권의 화두가 되었다.

이재명 경기도지사는 '가능한 범위에서 시작해 서서히 확대하자'라며 가장 적극적이고, 박원순 서울시장은 기본소득보다 훨씬 더 정의로운 '전 국민 고용보험'을 실시하자고 했다.

기본소득제는 코로나 발 경제위기의 경기부양을 위해 최근 시도된 '전 국민 긴급재난 지원금'의 긍정적 효용과 4차 산업혁명 시대의 고용 급감이라는 위기감 속에서 힘을 얻고 있다. 6월 8일에 발표된 YTN의 의뢰로 리얼미터가 실시한 여론조사에 의하면, 응답자의 48.6%가

'최소한의 생계 보장을 위해 찬성한다'고 했고, 반대로 42.8%가 '국가 재정에 부담이 되고 세금이 늘어 반대한다'고 응답하여 찬반 의견이 오차범위 내에서 팽팽히 맞서고 있다.

기본소득제는 개인의 재산이나 소득, 고용 여부와 관계없이 국가가 전 국민에게 일정 수준의 생계수단을 지급하는 제도로 현재 지구상 어느 나라도 전 국민 차원에서 시도한 바는 없다.

핀란드가 2017~2018년 2년 동안 25~58세 사이의 실업자 2천 명을 대상으로 매월 약 75만 원의 금액을 지급한 것이 기본소득제의 취지에 가장 근접한 시도라 할 수 있는데, 이는 장기실업자 구제라는 뚜렷한 문제의식에서 출발했다. 스위스는 전 국민 대상 기본소득제 실시 여부를 묻는 국민투표에서 유권자의 77%가 반대하고 23%가 찬성하여 부결됐다. 그리고 일부 나라에서 지자체 수준에서 시도한 바가 있다.

모든 국민에게 생계수단을 제공한다는 기본소득제의 취지는 매우 좋다. 다만 문제는 돈이다. 논의되고 있는 기본소득제가 개인을 기준으로 두는지 가구를 기준으로 두는지 명확하지 않지만, 두 경우 모두 언론에서 언급된 예상 재정 규모가 엄청나다.

가구당 20만~50만 원을 지급하면 연간 34조~86조 원이 들고 1인당 20만~50만 원을 지급하면 124조~311조 원이 든다고 한다. 만약 기본소득이란 이름에 걸맞게 1인당 50만 원을 지급한다면 311조 원으로 역대 최대 규모인 3차 추경 예산까지 합친 올해의 예산 547조 원의 절반을 훨씬 넘는 비용이다.

문제는 기본소득제가 코로나 19 사태로 지급한 '전 국민 긴급재난지원금'과 같은 일회성 정책이 아니라는 점이다. 매월, 매년 계속 지급해야 하는데 그 비용을 어떻게 감당할 것인가. 기초연금, 실업급여, 아동수당 등의 기존의 보편적 복지제도를 구조 조정하여 기본소득제에 포함한다고 해도 추가 비용은 결코 만만치 않다.

결국 증세가 아니고는 불가능한 제도이며 증세액은 세금 압박이 가장 큰 북유럽의 스웨덴이나 덴마크를 넘어설 가능성이 크다. 그런 점에서 기본소득제는 아주 오랫동안 '빛 좋은 개살구'가 될 것이 틀림없다.

이재명 지사와 박원순 시장의 언급을 좀 더 자세히 보자. 이재명 지사가 말한, 가능한 범위에서 시작해 서서히 확대하자는 의견은 문제의 소지가 크다. 모든 복지제도는 '수혜자'를 만들어 내는데, 한번 수혜자 계층이 형성되면 제도의 예산 삭감이나 폐지가 큰 반대에 부딪히게 되어 높은 정치적 갈등으로 귀결된다.

서구 복지국가들이 이를 잘 대변하고 있다. 현대 복지국가가 계속 비대해지는 이유도 바로 여기에 있다. 그래서 새로운 복지를 시도할 때는 이런 문제까지 감안해 아주 조심스럽게 접근하지 않으면 안 된다. 기본소득제는 다른 어떤 복지제도보다 강력한 수혜자 계층을 형성하게 돼 재정적으로는 '국가파산', 정치적으로는 첨예한 정치적 위기를 낳을 수도 있는 제도다.

박원순 시장의 '전 국민 고용보험'은 어떤가? 어떤 의미로 이 대안을 얘기한 것인지 분명하지 않아 두 가지로 해석한다.

하나는 아직 고용보험이 없는 직장이 많고 여기서 일하는 근로자는 실업자가 될 때 실업수당이 없어 생계까지 위협받는다. 이의 극복을 위해 모든 직장의 고용보험을 의무화한다는 의미에서 이 제도를 언급했다면, 이는 당연히 이뤄져야 할 문제다. 입법을 통해 개선할 수 있다. 물론 이 제도가 창업을 어렵게 하거나 영세업체들의 비용 증대로 인해 고용 확대를 저해할 가능성은 있다. 하지만 이는 시간을 두고 해결해야 할 문제다.

다른 하나는 전 국민 고용보험에서 '전 국민'에 방점을 두면 노동 가능 연령 중 직장을 다니지 않는 사람들, 예를 들어 장기 실업자나 주부의 경우에도 고용보험 혜택을 받을 수 있다는 의미가 될 수 있는데, 그런 의미라면 문제가 크다. 대단히 진보적이고 획기적인 동시에 재정 충당 문제가 관건이 될 것이다.

여성의 경제활동참가율(취업률)은 52.9%, 남성의 경우 73.7%인데(2018년 기준, 15세 이상), 취업 의도가 있으면서도 취업 못한 연령 모두에게 이 고용보험이 적용된다는 것은 기본소득제와 마찬가지로 국가의 막대한 예산이 필요하다. 고용보험에 의한 실업수당은 사용자와 근로자가 공동으로 부담하여 만든 기금에서 지급되는데, 직장을 가져보지 않은 사람에 대한 보험금은 국가가 부담하지 않으면 안 된다.

그러나 이 제도는 반대로 여성의 사회진출을 급속히 앞당기고 경력 단절도 막을 수 있다. '모든 사람은 일하고 싶다,' '모든 사람은 일해야 한다'는 현대 복지국가의 근본 사회 철학을 실현하는 제도인 동시에 막대한 예산이 필요한 제도로 아직 세계 어느 나라도 시도한 바 없다.

엄밀히 따지면 기본소득제와 완전고용보험제에 대한 논의는 뚜렷한 사회적 문제의식에서 출발한 것이 아니다. 기본소득제가 실업률 급증으로 인한 소득을 보전하기 위한 것인지, 빈곤을 퇴치하기 위한 것인지, 양극화를 완화하기 위한 것인지가 분명하지 않다. 또 전 국민 고용보험도 한국이 다른 OECD 국가들에 비해 실업률이 낮은 상황에서 왜 완전고용보험 얘기가 나오는지 불분명하다. 물론 앞서 첫째로 언급한 의미의 완전고용보험은 가능한 빨리 제도 개선이 이뤄져야 한다.

뚜렷한 문제의식 없이 출발한 이런 논의와는 달리 현재 전 세계적으로 이산화탄소 배출로 인한 지구 온난화, 즉 환경 문제가 가장 심각한 문제다. 이에 버금가는 문제는 국가 간 그리고 각 국가 내의 양극화 문제다.

역사적 흐름을 볼 때 전쟁과 절대적 빈곤 그리고 전체주의는 계속 줄어들었지만 양극화 문제는 더욱 심화하였다. 한국도 책임 있는 민주국가로서 지구 온난화의 주범인 이산화탄소 배출을 최소화하고 코로나 19 사태로 더욱 심해진 양극화 문제를 완화해야 한다.

이 두 가지 문제 외에 한국이 안고 있는 큰 문제는 (초)고령화와 저출생 현상이다. 통계에 의하면 신생아 수는 계속 감소하여 올해는 30만 명을 넘기지 못한다고 한다. 1970년대 100만 명, 2015년 44만 명보다 현저히 줄어든 수치다. 출생률은 나라의 존망이 걸린 문제다. 현재 우리나라의 출생률은 0.9를 겨우 넘겨 세계에서 가장 낮은 나라 중 하나이며 이로 인해 이미 학령인구의 급감 등 많은 사회적 문제가 노정되고 있다.

유럽의 사례나 연구를 종합하면, 여성이 출산을 기피하는 이유는 크게 두 가지다. 하나는 일과 가정(육아)을 병행하지 못하는 데서 오는 것이고 다른 하나는 가정에서의 성 불평등 때문이다. 결혼과 출산을 위해 직장을 포기해야 하는 경우 현대 여성은 오히려 출산을 포기하는 경우가 많고, 맞벌이 부부의 경우 여성은 직장 노동뿐만 아니라 가사와 육아 등의 이중 노동에 시달려 출산을 기피하는 것이다.

이런 상황에서 필자는 설익은 기본소득제 대신 뚜렷한 문제의식에서 출발하여 출생률을 높이고 양성평등을 제고하고 더 나아가 교육 평등의 초석을 다질 수 있는 '부모보험제' 도입을 강력히 주장한다. 1930년대 스웨덴의 인구 위기에 대한 토론이 점차 '부모보험'이라는 복지제도의 도입을 가져왔고 1960~70년대는 다음과 같은 부모보험제로 정착되어 오랫동안 세계적 모델이 되어 왔다. 스웨덴 부모보험제는 다음 세 기둥 위에 서 있다.

첫째는 '유급 육아휴직 제도'다. 스웨덴의 유급 육아휴직 제도는 공공기관이나 사기업 등 근무하는 곳과 관계없이 모든 근로자에게 보편적으로 적용된다. 유급은 휴직 전 봉급의 80%를 받으며 기간은 480일이다. 이 중 90일은 다른 성의 부모, 즉 여성이 육아휴직을 390일 한 경우 나머지 90일은 남성이 하지 않으면 육아휴직 기간이 거기서 끝이 난다. 즉, 성평등을 위한 조치다.

한국의 경우 어디에 종사하는지에 따라 유급의 정도와 휴직 기간이 다르다. 그뿐만 아니라 육아휴직이 법적으로 제도화되어 있어도 많은 부모들이 기관이나 회사의 눈치를 보거나 자신의 자리가 없어질까 봐 두려워 휴직을 꺼리고 자녀에게 부모가 필요할 때 다 활용하지도 못하는 경우가 많다.

유급 휴가 때 지급하는 금액이나 휴직 기간을 차츰 높이고 늘려야겠지만 직업 활동을 하는 모든 출산가정이 경제적으로 법적으로 안심하고 육아휴직을 할 수 있도록 제도를 보편화하는 것이 급선무다. 스웨덴처럼 상한선 제도를 두어 고소득자가 이 상한선을 넘지 않도록 하여 비용을 절감할 수 있다. 육아휴직 후에 직장으로 돌아갈 때 원래의 업무나 그와 유사한 업무를 주는 것을 법제화할 필요도 있다.

또한 중요한 것은 남성의 육아휴직을 제도화하는 것이다. 예를 들어 스웨덴의 육아휴직 기간 1년 4개월 중 적어도 3개월 이상은 육아휴직을 하지 않은 부모 중 한 사람이 해야 된다. 대체로 남성이다. 한국 역시 남성의 육아휴직을 법제화할 필요가 있다. 영유아 시기에는 양쪽 부모 모두를 필요로 할뿐만 아니라 남성 육아휴직의 의무화는 성평등에 크게 기여하기 때문이다. 육아휴직을 한 남성들의 이야기를 종합하면 육아휴직이 자신의 인생에서 가장 의미 있고 보람 있는 일이었다고 하니 남성들이 스스로 남성 육아휴직을 요구할 일이다.

둘째는 저비용과 양질의 '유아학교 제도'와 '방과후학교 제도'다. 스웨덴의 경우 만 1세에서 5세 유아가 다닐 수 있는 유아학교에 전체 유아의 85%가 다니고 있다. 유아교사의 교육 정도가 높고 유아교사 1

인당 담당하는 아동수가 5명 남짓하며 양질의 교육이라는 평가가 많다. 유아교사 1인당 아동수가 적지만 유아학교에서의 조직상 문제로 아동 그룹을 크게 하는 것이 아동들에게 결코 좋지 않다는 비판도 있다. 즉 10명의 아동을 2명의 교사가 돌보는 것이 25명으로 구성된 그룹을 5명의 교사가 돌보는 것보다 아동에게 안정감과 귀속감을 주어 좋다는 것이다. 부모가 내는 유아교육비는 첫째 자녀의 경우 가계 소득의 3% 이하 또는 1,478크로나(한화 19만3천 원), 둘째 자녀의 경우 가계 소득의 2% 이하 또는 986크로나(약 12만8천 원), 셋째 자녀의 경우 가계 소득의 1% 이하 또는 493크로나(약 6만4천 원), 넷째 자녀부터는 무료이다. 이렇게 자녀 수가 많을수록 유아학교에 지불하는 비용이 적은 것은 출생률 제고를 위한 것이다. 부모가 지불하는 비용은 전체 유아교육 비용의 8% 정도밖에 되지 않는다. 스웨덴 유아교육이 무상에 가깝다는 이유가 바로 여기 있고 아래서 언급하는 아동수당까지 결부하면 유아교육이 완전 무상이 된다.

현재 우리나라는 어린이집과 유치원으로 분리되어 있고 이의 책임 기관이 보건복지부와 교육부로 나뉘어 있다. 여성가족부의 입김도 크다. 아동의 발달 과정과 교육의 관점에서 보면 어린이집과 유치원으로 분리할 근거가 전혀 없고 전근대적이며 부처 이기주의에서 비롯된 것이다. 이 둘을 통합하여 현대적인 '유아학교 제도'를 만들고 교육부 책임 하에 두어 유아교육을 평생 교육의 중요한 첫 단계로 만들어야 한다. 나아가 공립유아학교를 대폭 확대하여 국가 책임을 늘려야 한다.

2019년 기준 전국의 국공립유치원 취원율은 28.5% 정도인데 대도시의 경우 이 비율은 훨씬 낮다. 우리나라도 공립유아학교의 비율을 점진적으로 50% 이상으로 끌어올려 유아교육의 질을 담보할 수 있도록 해야 한다. 사립유치원의 경우 국가가 유아학비, 교원처우개선비, 담임수당, 학급운영비와 사업성 경비 등 많은 투자를 하고 있지만 최근에 투명한 경영이 되고 있지 않는 등 많은 문제가 드러났다.

돌봄은 단지 아이들을 맡아두는 장소가 아니고 교육은 단지 글자나 숫자를 가르치는 것만이 아니다. 새로운 유아학교는 돌봄과 교육이 통합되어 유아에게 자신의 행동에 책임을 지고, 친구들과 잘 어울리는 방법을 놀이를 중심으로 가르쳐야 한다. 우리 사회가 지향하는 민주주의 가치를 유아학교에서부터 습득하도록 해야 한다.

유아교육에 드는 부모의 비용을 최소화하여 비용문제로 유아학교에 보낼 수 없는 일이 발생하지 않도록 해야 할 것이다. 초중등교육처럼 무상화도 고려할 필요가 있다. 그렇다고 교사 한 명당 너무 많은 아동 수나 그룹으로 유아교육의 질을 떨어트려서는 안 된다.

유아학교 제도와 같은 선상에 있는 것이 현재 한국에서 크게 논의되고 있는 방과후학교 제도다. 스웨덴의 경우 초등학교 1~4학년 아동의 경우 가정이 원하면 지자체(학교)가 의무적으로 방과후활동을 제공해야 한다. 방과후활동은 일과 육아를 병행하기 위해 꼭 필요한 제도다.

한국의 경우 현재 초등 저학년 학생의 하교 시간 연장이 큰 논란이 되고 있다. 이는 맞벌이 부부를 위한 제도로 교육부는 이 제도에 상응하는 인력과 예산을 확보하여 아이들에게 영감을 주고 의미 있는 방과후활동을 할 수 있게 해야 한다. 초등학교 저학년을 위한 방과후학교도 같은 차원에서 국가의 책임 확대가 불가피하다. 이런 유아학교 제도와 방과후학교 제도 없이 여성의 사회진출과 성평등은 불가능하다.

셋째는 '아동수당'이다. 무상 보육, 무상 교육이라도 아이를 키우는 데는 많은 비용이 든다. 의식주뿐만 아니라 아이들의 성장에 필요한 자극과 영감을 주는 여가 및 취미 활동, 여행 등에 드는 비용이 만만치 않다. 이 모든 비용을 개인인 부모가 부담하는 것은 벅찰 때가 많다.

스웨덴의 경우 자녀가 18세가 될 때까지 모든 가정에 아동수당을 지급한다. 현재 각 아동당 1,250크로나(약 16만2천 원)을 지급하고 자녀 수가 많으면 추가경비를 지불한다. 각 아동당 1,250크로나에다 둘째 자녀 추가 150크로나(1,250*2+150=2,650크로나), 셋째 자녀 추가 730크로나(1,250*3+730=4,480크로나), 넷째 자녀 추가 1,740크로나(1,250*4+1,740=6,740크로나)이다.

예를 들어 한 가정이 네 명의 자녀를 키우면 매달 6,740크로나(87만3천 원)의 아동수당을 받는다. 다자녀일 경우 유아학교의 비용이 줄어드는 것과는 반대로 아동수당은 다자녀일 경우 추가 수당을 지급하는 것도 출생률을 높이기 위한 것이다. 아이가 단지 부모의 종속물이 아니라 국가의 버팀목이 될 재목으로 본다면 한국도 현재의 아동수당을 점차 늘려 아이 키우는 데 큰 도움이 되게 해야 한다.

이 세 가지를 부모보험으로 제도화하여 출생률을 높여 나라의 미래를 담보하고 성평등에 한 걸음 더 근접하여 행복한 가정을 이루고 교육평등의 초석을 다져 모든 아이들에게 공평한 출발과 가능성을 제공해야 할 것이다. 아이는 부모를 선택할 수 없다. 부모의 사회경제적 배경과 관계없이 모든 아이들이 공평한 첫걸음을 떼고 좋은 교육을 받을 수 있게 하여 사회적 유동성을 높여야 한다. 그렇게 하지 않으면 교육 대물림과 부의 대물림이 고착화되어 신분 사회가 된다.

부모보험제는 물론 비용이 많이 드는 제도다. 그러나 기본소득제의 몇십 분의 일도 안 되는 비용으로 가능하다. 그런 비용으로 출생률 제고, 가정에서의 성평등 그리고 교육평등이라는 세 마리 토끼를 동시에 잡을 수 있다. 양질의 새로운 일자리 창출도 기대할 수 있다. 부모보험제는 선진국을 향한 올바른 방향이고 미래 한국을 담보하는 위대한 투자다.

『오마이뉴스』 2020년 6월 19일

육아휴직 '갑질'은 저출산을 낳는다

육아휴직에 대한 사업주들의 '갑질'이 초미의 관심사가 되었다. 회장까지 연루되었다는 남양유업이 최근에 알려진 대표적 사례다. 남양유업은 육아휴직을 신청한 한 여성 팀장을 통보 없이 보직 해임하고 이 여성이 노동위원회의 결정으로 복직하자 출퇴근에 5시간이나 걸리는 물류창고로 발령을 냈다.

육아휴직에 대한 이런 형태의 불이익은 남양유업에서만 일어나는 것은 아니다. 많은 사업체에서 여러 형태의 불이익이 자행되고 있다. 육아휴직 후 복직할 때 자리를 없애거나, 사직을 권고하거나, 진급에서 누락시키거나, 휴직 전 업무와는 다른 수준의 업무를 배당하거나 다른 지역으로 발령을 내리는 것들이다. 또 업무나 회의에서 배제하거나 컴퓨터를 제공하지 않는 경우도 있다. 이뿐 아니라 육아휴직 또는 출산휴가 신청 때부터 언어폭력을 동반한 갑질이 빈번하다고 보도

되고 있다.

최근 몇 년 동안 육아휴직으로 인한 불이익이 사례가 매우 증가한 것으로 보인다. 예를 들어 육아휴직으로 인한 고충 건수는 2018년 179건, 2019년 250건, 2020년 362건, 2021년은 1~8월 사이만 333건에 달했다고 한다. 이뿐만 아니라 육아휴직 사후지급금 25%를 받지 못한 경우도 세 명 중 한 명 이상이고, 이는 권고사직 등으로 인하여 받지 못했을 가능성이 높다는 분석이 있다.

육아휴직 제도는 일과 가정의 양립을 통하여 여성의 노동시장 참여를 높이고, 성평등을 제고하고 출산을 장려하기 위하여 2000년부터 시행한 역점적인 국가 정책이다. 그럼에도 불구하고 아직도 승진 및 인사상 불이익, 직장 내 부정적 분위기 또는 회사의 부정적 인식 등의 이유로 육아휴직 활용도가 낮다. 반면 사업체는 인력 공백으로 인한 업무 지장과 대체 인력의 인건비 부담 등을 토로하고 있다.

사실 육아휴직으로 인한 사업체의 경제적 손실은 없어 보인다. 육아휴직자의 4대 보험은 유예나 예외 처리를 할 수 있고 대체 인력 채용 등의 비용은 국가로부터 육아휴직 또는 근로시간 단축에 대한 고용안정장려금과 대체인력 지원금을 받을 수 있다. 대기업은 이런 혜택에 차이가 있다. 인력 공백으로 인한 업무 지장이나 대체 인력 채용의 행정력 소모는 평소 육아휴직에 대비해왔으면 큰 문제가 아닐 것이다.

그런데도 왜 육아휴직에 대한 사업주의 갑질이 최근에 크게 증가한 경향을 보이는 것일까? 증가하지 않고 단지 신고나 상담이 활발해진 것일 수도 있다. 또 언론의 감수성이 높아졌을 수도 있다. 가장 우려되는 것은 이것이 기업의 사회적 책임 의식 결여에 의한 극단적 이기주의의 표현이거나 더 나아가 최근 한국 사회에 독버섯처럼 퍼지고 있는 페미니즘에 대한 일종의 혐오 표현이라면 우리 사회의 앞날은 암울하기만 하다.

이 문제를 어떻게 분석하고 해석하든 육아휴직에 대한 불이익은 출생률에 직접적인 영향을 미친다. 출산과 육아로 직장을 잃을 확률이 높을 때 현대 여성은 자신의 가치 실현을 위하여 출산을 포기하는 소위 '출산 파업'을 택할 가능성이 크다. 물론 저출산이 육아휴직 갑질에 의한 것만은 아니다. 청년 실업, 주택, 보육과 교육, 아동 학대, 여성 혐오 등 여러 요인이 복합적으로 작용한다. 그러나 연구가 보여주는 저출산의 가장 근본적 요인은 사회적 제도 미비로 인한 일(work)과 삶(life)의 양립 불가능과 가정에서의 성 불평등이다.

고용노동부는 육아휴직제도가 취지대로 여성의 노동시장 진출, 성평등 제고 그리고 출생률 제고가 가능하도록 최선을 다해야 한다. 육아휴직에 대한 사업체들의 인식 제고를 위한 홍보나 그것으로 불충분하면 현재의 육아휴직 이행 위반 시 5백만 원 이하의 벌금을 상향 조정하는 것도 검토해야 할 것이다. 사업주들은 기업의 사회적 책무를 긍정적으로 인식하고 현재 한국이 안고 있는 최대 난제인 저출산 문제 해결에 일조하여 미래를 위한 투자를 해야 할 것이다. 근로자의 권익을 지키는 노조의 적극적 역할도 기대한다. 끝으로 이렇게 중요한 정책이 제대로 시행되지 않는데도 이에 대한 깊이 있는 연구가 부족한 것은 학계의 커다란 수치라 하지 않을 수 없다.

25% 소득세로 누리는 가정돌봄 서비스

나의 장인어른은 스웨덴 사람이고 85세며 스웨덴 중부지방 달라나에서 혼자 살고 있다. 진료기록에 따르면 장인은 전립선암 외에도 심장 및 동맥 질환을 앓고 있다. 운동을 좋아하는 건강한 체질이었지만 몇 년 전 왼쪽 무릎이 완전히 망가져 휠체어 신세를 지고 있다. 최근에는 누군가의 도움 없이 눕거나 일어나지도 못한다. 목욕이나 샤워 등 개인위생도 스스로 해결하지 못해 남의 도움을 받아야 한다.

장인어른은 슬하에 딸 둘을 두고 있다. 나의 아내와 처제다. 둘은 각각 스톡홀름 지역의 초등·중학교에서 전문상담사와 교사로 일하고 있다. 아내가 초등학교 고학년일 때 장인어른은 이혼했다. 그 후 40여 년 동안 가끔 만나는 여자가 있긴 했지만 재혼은 하지 않았다. 이제 기력이 쇠했고 정신도 그리 맑지 않은 상태로 젊었을 적 자신이 지은

통나무집에서 전적으로 다른 사람들의 도움에 의존해 살고 있다.

장인어른을 도와주는 사람들은 지자체에서 제공하는 '가정돌봄 서비스' 직원들이다. 이들은 남녀 2명씩 두 개의 팀으로 나누어 제1팀은 개인위생, 화장실 도움, 야외 이동, 옷 갈아입히기, 음식 데우기나 만들기 등을 전담하고, 제2팀은 정해진 일정에 따라 집 안 청소, 옷 세탁, 장보기, 도시락 주문 등을 도와준다. 각 팀은 남녀 두 사람으로 구성되는데 노인들이 민감하게 느끼는 샤워 등 개인위생 문제나, 육체적으로 힘든 일 등에 효율적으로 대처하기 위해서다.

그렇다고 이들의 업무가 성별에 따라 정해져 있는 것은 아니다. 예를 들면 1팀의 남녀 직원이 함께 장인어른을 씻겼고, 남자 직원은 아침 죽을 끓이고 여자 직원은 장인의 약을 챙겨주었다. 돌봄 직원들은 대체로 고등학교에서 돌봄프로그램을 전공했으며 직장을 다니면서 정기적으로 연수나 교육을 받는다.

1팀은 저녁에 장인어른을 침대에 눕혀주고 아침에 일으켜주는 일까지 하니 1, 2팀이 하루에 적어도 4~5번 장인의 자택을 방문해 번갈아 돌본다. 한밤중에라도 문제가 생겨 장인어른이 손목의 알람을 누르면 1팀이 바로 출동해 돌봐준다. 또 필요에 따라 의사나 간호사가 직접 장인의 자택을 방문해 의료 서비스를 제공한다.

가정돌봄 서비스는 주말이나 휴일에도 똑같은 수준으로 제공된다. 주말에도 도움은 필요하다. 장인은 현재 하루 24시간 일 년 내내 서비스를 받는다. 주말이나 공휴일에 돌봄 직원 급여는 평일의 1.5배이고 공휴일과 주말이 겹칠 때는 2배가 된다. 24시간 서비스를 제공한다고 해서 돌봄 직원들이 법정 노동시간을 초과해 일하지는 않는다. 지자체나 지자체가 용역을 준 사설 돌봄 업체가 저녁, 주말, 휴일 인력을 따로 확보하거나 여유 인력을 두고 일정에 따라 돌아가며 일한다.

돌봄 서비스는 서비스의 정도에 따라 내는 비용이 다르다. 장인은 현재 노인 돌봄에서 최고 수준의 서비스를 받지만 내는 비용은 그렇게 많지 않다. 스웨덴은 모든 돌봄 분야에 '비용상한선'을 두기 때문이다. 최고 수준인 24시간 서비스에 장인이 내는 비용은 2,150 크로나(kr), 한화로 28만 원이 채 되지 않는다.(2,150*129 = 277,350원)

이런 상한선 제도는 유아학교(유치원)에도 적용된다. 첫째 아이의 경우 비용은 가계소득의 3% 또는 월 최고 1,478 kr(190,662원), 둘째 아이의 경우 가계소득의 2% 또는 월 최고 986 kr(127,194원), 셋째 아이의 경우 가계소득의 1% 또는 월 493 kr(63,597원)이고, 넷째 아이부터는 무료다. 가계소득의 1, 2, 3%가 대체로 월 최고 비용보다 높아 대부분의 부모는 월 최고 비용을 낸다.

유아학교의 경우 부모들이 내는 비용의 총계가 전체 유아학교 비용의 8% 정도이며, 나머지 92%는 세금으로 충당한다. 노인 돌봄도 이와 유사하고 대부분 세금으로 비용을 충당한다고 할 수 있다.

전통사회에서 노인 돌봄은 주로 가정 내에서 자녀들에 의해 이뤄졌다. 그러나 현대사회에서는 그것이 불가능하다. 자녀들은 자녀의 삶이 있고 부모를 돌보기 위해 직장을 그만둘 수가 없다. 장인의 두 딸도 마찬가지다.

스톡홀름에서 직장을 다니는 두 딸은 자동차로 왕복 7시간 거리에

사는 장인어른을 한 달에 한 번씩 번갈아 가며 방문한다. 딸들은 방문할 때마다 돌봄 직원들이 하지 못하는 은행이나 병원 또는 주민증 갱신 등 특별한 일들을 돕는다.

자녀가 부모를 돌보고 싶어도 몸을 제대로 움직이지 못하는 부모를 기계의 도움 없이 돌보는 건 불가능하며 위험하기까지 하다. 한마디로 전문적이지 않다. 부모 역시 자녀의 돌봄이 불편할 수도 있다. 차라리 자녀들이 일해서 세금을 내고 국가가 세금으로 돌봄을 전문적으로 조직, 운영하는 것이 훨씬 효율적이며 돌봄의 질도 높일 수 있다.

노인과 유아 돌봄을 포함한 돌봄은 스웨덴 복지의 주요 세 분야 중 하나다. 다른 두 분야는 교육과 의료다. 모든 사람에게 동등한 교육 기회를 제공하기 위하여 모든 교육은 무상이다. 박사과정에 들어가면 박사과정 급여까지 준다. 의료 또한 일 년 비용 상한선 제도가 있어서 의료 서비스를 아무리 많이 받는다 해도 1,200 kr(15만5천 원) 이상은 내지 않는다. 이 비용으로 암 등 매우 심각한 질병도 치료받을 수 있다.

스웨덴의 복지는 선별적 복지가 아닌 보편적 복지다. 즉, 국가가 복지 수혜자를 선별하거나 내는 비용에 따라 복지 수준이 달라지지 않는다. 스웨덴에 거주하는 모든 사람이 일괄적으로 똑같은 복지 혜택을 받는다. 또 정부와 지자체 사이의 세금 분배 정책으로 거주지역과 관계없이 같은 수준의 복지를 받을 수 있다.

보편 복지를 위해 스웨덴은 세금 징수 등을 통해 재원을 확보한다. 높은 세금을 부과하는 것은 국민 동의 없이 불가능하다. 스웨덴은 보편 복지와 높은 세금에 대한 국민의 공감대가 형성돼 있다. 그럼 스웨덴 사람들이 얼마나 많은 세금을 내는지 살펴보자. 위에 언급한 스웨덴의 복지 정도를 염두에 두고 한국의 복지와 세금을 비교하면 그 차이가 뚜렷해질 것이다.

스웨덴 세금 제도는 지자체와 정부 소득세(사회적 비용 포함), 부가가치세, 법인세, 부동산세, 그리고 유류나 주류 등에 부과하는 단일 품목세(특별세) 등으로 구성된다. 단일 품목세는 스웨덴뿐만 아니라 한국에서도 상당히 높다. 이는 환경이나 국민 건강 등 다른 정치적 목적을 과세와 결부했기 때문이다. 스웨덴은 또 높은 부가가치세율로 유명하다. 식료품 및 음식 등의 부가가치세는 12%, 교통, 도서, 예술, 스포츠 등은 6%, 그리고 의료 및 돌봄 등 복지 분야의 부가가치세는 없다. 언급한 분야 외의 거의 모든 상품(재화)과 서비스(용역)의 부가가치세는 현재 25%이다. 한국은 10%다.

상품과 서비스에 일률적으로 부과하는 부가가치세는 소득이 적은 사람이 상대적으로 많은 세금을 부담하는 꼴이 되어 경제적 불평등을 낳는다. 그런데도 이렇게 부가가치세가 높은 것은 다른 방법으로는 이만큼 많은 재원을 확보할 수 없고, 또 '백지장도 맞들면 낫다'라는 공동체 의식, 즉 광범위한 복지를 위해 모두가 헌신해야 한다는 의식이 강하게 깔려있기 때문이다.

소득세를 중심으로 보자. 소득세는 두 가지다. 하나는 지자체가 징수하는 '지자체 소득세', 다른 하나는 중앙 정부가 징수하는 '정부 소득세'다. 소득세는 연간 소득에 따라 아래와 같이 몇 개의 구간으로

나뉜다. (1 kr = 129w)

| (1구간) | → | 13,900
~36,000 kr | → | (2구간) | → | 523,200
~575,500 kr | → | (3구간) |

1구간인 연간 소득 13,900 kr(180만 원) 이하는 세금이 완전 면제되고, 소득이 13,900 kr~36,000 kr(180만~460만 원) 사이인 경우에는 소득 크기에 따라 기초공제액이 조금씩 달라진다. 연간 소득이 제2구간에 속하는 사람들은 '지자체 소득세'만 낸다. 지자체 소득세는 지자체에 따라 약간의 차이가 있고 가장 낮은 지자체가 29%, 가장 높은 지자체가 35%를 부과한다. 대체로 약 32%의 지자체 소득세를 내는 셈이다.

제2구간과 제3구간 사이에 두 가지 연간 소득이 표기돼 있는데 전자인 523,200 kr(6,700만 원)은 나이가 65세 미만인 경우이고 후자인 575,500 kr(7,400만원)은 65세 이상인 경우이다. 즉, 나이에 따라 연간 소득이 이 수준을 넘으면 넘어선 부분에 대해 '정부 소득세' 20%를 더 부과한다.

예를 들어 나이가 60세이며 연간 소득이 600,000 kr(7,700만 원)인 경우 523,200 kr을 넘어서는 76,800 kr(991만 원)에 대해서는 정부 소득세 20%를 추가로 부과하여 이 부분의 세금은 52(32+20)%가 되고 나머지 523,200 kr 부분은 지자체 소득세 32%만 부과한다. 이렇게 일정 소득 구간 이상의 소득에 대해 세금을 더 부과하는 것을 '한계세율'이라 한다. 한계세율은 세금의 형태가 아니고 세금 산정 방식이다.

현재 스웨덴의 한계세율은 약 52%(32%+20%)이다. 현 사민당과 환경당 소수정권은 2020년 1월 1일부터 중도의 중앙당과 자유당의 지지를 받는 조건으로 연간 소득 733,300 kr 이상 소득자에게 부과하는 일종의 부유세 5%를 폐지했다. 이것은 '1월 협정'의 한 부분인데, 이로 인해 스웨덴의 한계세율은 57%에서 52%로 낮아졌다. 그 결과 스웨덴은 OECD 국가 중 한계세율 1위에서 벨기에 다음으로 2위가 되었다.

근로소득자의 대부분은 제2구간에 속하고 거주지 지자체에 지자체 소득세를 낸다. 예를 들어 장인어른의 두 딸은 30년 차 교직원으로서 월 소득이 약 40,000 kr(월 516만원)인데, 이들이 내는 세금은 두 지자체에 따라 조금 다르지만 약 25%인 10,000 kr (129만원)다. 지자체 평균 세율이 32% 정도인데 왜 25%를 내는가 하면 앞에서 언급한 '기초공제'와 우파 정부가 국민이 일을 더 많이 하도록 고안해낸 '직장 소득 공제' 때문이다.

다른 예를 하나 들어보자. 월 소득이 한화로 1억 정도인 고소득자의 경우 세금은 한계세율이 32+20=52%가 되어 공제액을 감안해도 세금은 5,000만 원이 조금 넘는다. 아내에게 월 1억을 버는데 5,000만 원을 세금으로 내면 세금을 너무 많이 내는 것 아니냐고 하니, 아내는 월 5,000만 원이나 가져가? 라고 반문한다. 대부분의 근로소득자가 속하는 제2구간보다 소득이 많으면 세금이 많아지고 누진율은 가팔라진다.

끝으로 우리는 다음과 같은 질문을 할 수 있다. 지금보다 약 15% 정도의 소득세를 더 내고(즉 25%) 스웨덴과 같은 무상 교육, 거의 무상 의료 및 돌봄 서비스를 받는 건 어떤가?

앞으로 한국도 노쇠한 부모를 누가, 어떻게 돌볼 것인지 심각하게 고민하지 않으면 안 된다. 현대사회는 자녀나 가족이 부모를 돌볼 수 있는 구조가 아니다. 그렇다면 우리는 노인들을 어떻게 돌볼 것인지, 방치할 것인지, 부의 정도에 따라 돌봄 서비스가 크게 달라지는 선별적 복지를 택할 것인지 아니면 훌륭한 수준과 질의 돌봄 서비스를 모든 국민이 공평하게 혜택을 받을 것인지 결정해야 할 것이다.

장인어른의 두 딸로서는 직장을 다니며 다른 나라보다 세금을 좀 더 내고 그 세금으로 돌봄 직원들이 아버지를 전문적으로 돌보는 것을 훨씬 선호할 것이다. 사실 여기에 논란의 여지는 없다. 또 장인어른은 무엇보다도 생의 마지막을 요양병원이 아니라 자택에서 보낼 수 있으니 좋다. 스웨덴의 돌봄 제도가 새로운 일자리를 창출한다는 것도 우리나라의 돌봄 제도를 발전시킬 때 고려할 점이다.

『오마이뉴스』 2020년 11월 21일

지금이 사설 의료계
집단이기주의 타파할 적기

최근 정부는 다음과 같은 4대 의료 정책을 발표했다. 첫 번째, 의대 정원을 2022년부터 매년 400명씩 늘려 10년 간 4000명을 추가 양성한다. 정원 확대는 특히 내과, 외과, 산부인과 등 지역 의료 기관 필수분야 3000명과 역학 조사관 등 특수분야 500 명 그리고 기초과학, 제약, 바이오 등 의사과학자 500명의 증원과 지역 의사 의무복무를 통해 필요한 지역에 필요한 의사를 확보하겠다는 것이다.

두 번째, 공공의대를 설립한다. 기존 의사 정원 내에서 의대가 없는 지역에 공공 의대를 설립하여 필수 분야 및 지역의사를 양성한다.

세 번째, 한방첩약 급여화를 시범 운영한다. 10월부터 안면신경마비, 월경통 질환, 뇌혈관 질환 후유증 등 3개 질환에 대하여 한방첩약을 건강보험에서 지원한다는 시범사업을 추진한다.

네 번째, 비대면 진료 체계를 육성한다. 코로나 19의 지역사회 확산 방지를 위하여 2월 말부터 한시적으로 전화를 통한 상담과 처방을 허용한다는 것이다.

필자가 보기엔 위 정책 중 어느 것 하나 반대할 것이 없다. 그만큼 정당하고 타당한 정책들이다. 뿐만 아니라 오랫동안 문제로 제기되어 여러 경로를 통해 사회적으로 논의되어온 정책들이다.

그럼에도 불구하고 의료계는 '자신들과 사전 협의가 없었다', '문제는 공감하나 해결책은 수가 조정으로 가능하다', '한방은 과학적이지 않다'고 말하며 파업과 휴진이라는 집단행동을 통하여 결사적으로 반대하고 있다.

의료계의 이러한 집단행동은 크게 두 가지 점에서 절대 간과할 수 없다.

첫째, 의료 정신을 망각한 집단 이기주의의 극치다. 의협의 1차, 2차 파업과 전공의와 전문의의 휴진으로 응급환자, 중환자 및 고위험군 환자들의 생명이 위협당하고 있다. 벌써 30대, 40대 응급환자 몇 명이 사망했다고 보도되고 있다. 이는 '환자의 건강과 생명을 첫째로 생각하겠다'는 의사 본연의 정신인 히포크라테스 선서까지 망각한 처사다. 또 플라톤은 국가론에서 정의를 얘기하며 남을 위한 의사들의 의료행위인 이타주의가 바로 정의라고 했다.

그러나 현재 의사들은 히포크라테스 정신이나 이타적 정신은 추호도 없이 생명을 담보로 자신들만의 이익을 위하여 싸우고 있다. 우리 사회는 집단 이기주의가 상당히 팽배해있다. 우리 동네엔 화장터, 교도소, 정신 병원, 특수학교 심지어는 소방서까지 안 된다며 집단행동을 한다.

그러나 어떤 이기주의보다 훨씬 위험한 것이 의료계의 집단 이기주의다. 왜냐하면 시민의 생명을 담보로 자신의 이익을 위해 싸우는 전국적 현상이기 때문이다. 어느 청와대 국민청원 게시글에서 말했듯이 의료계의 이런 집단 이기주의는 우리 사회의 '괴물'이다. 민주사회는 결코 이것을 좌시해서는 안 된다.

둘째, 민주국가의 정당한 정책에 대한 심각한 도전이다. 정부는 시민들의 생명과 건강을 위하여 장, 단기적으로 정책을 펴나갈 의무와 권리가 있다. 이러한 의무와 권한은 시민들로부터 정당하게 받은 것이다. 의료계는 현재 민주정부의 이러한 정당한 정책과 공권력에 도전하고 있는 것이다.

정부가 의료계에 백 보 양보하여 '정책 추진을 중단하고 모든 가능성을 열어 놓은 채 의료계의 요구를 수용하겠다'고 해도 대한전공의협의회(대전협)는 '정책 철회 후 원점에서 재논의'하겠다고 합의문에 명문화해 달라고 요구하고 있다. 힘들게 이뤄낸 복지부와 의협 간의 타협도 전공의와 전문의는 인정하지 않았다. 오만불손이 도를 넘었다.

이번 의료 사태로 우리나라는 사설 의료계의 집단 이기주의를 타파하고 공공의료에 의한 복지국가로 진입하느냐의 기로에 서 있다. 우선 의료 적폐를 청산하기 위하여 자신의 본업을 망각한 파업이라는 행위로 환자의 생명을 위협한 의사들에게 응당한 처벌을 내려야 한다.

그리고 어느 복지국가에서도 볼 수 없는 95%의 사설의료기관에 의존한 한국의 기형 의료체계를 혁신해야 한다. 이러한 구조 때문에 과잉진료, 과잉의약품 소비, 의료 사고 및 의료 비리의 온상이 되고 있다. 정부는 이러한 사설 의료체계를 공공의료 체계로 전환하는 장기적 계획을 세우고 핵심 공공의료진을 양성해야 한다. 사설의료기관은 일부 특수 분야나 근접성을 위해 존재하면 된다.

정부가 의료 적폐 청산과 공공의료로의 전환을 해내지 못하면 시민들은 다시 거리로 나와 촛불을 들어야 한다. 민주 복지국가의 적은 다른 곳에 있지 않고 우리들 속에 숨어 있다. 이를 청산하고 공공의료체계로 전환하여 시민의 생명과 안전을 지켜주고 건강한 삶을 영위할 수 있도록 해야 한다.

『오마이뉴스』 2020년 9월 6일

스웨덴의 전국노총,
이제 그 사명을 다했는가?

　　　　　　　최근 100년이 넘는 스웨덴 노동운동사에
서 아주 보기 드문 현상이 일어났다. 전국노동자총연맹(LO)이 사용
자(한국의 '전경련'에 해당) 측과의 협상에서 몇 번이나 반대한 안에
LO 산하 산별노조인 지자체노조(50만)와 금속노조(24만)가 전격적
으로 찬성하며 합의에 도달한 것이다. 이 두 산별노조는 LO 내에서
가장 큰 노조로 전체 조합원의 60%를 점하고 있다. 그러나 LO의 나
머지 12개 산별노조는 아직도 사용자 측 안에 반대를 하고 있으니 LO
로서는 난감하기 짝이 없는 상황에 처해졌다.

　LO 내부의 이 분열은 1938년 소위 '살트쉐바드(Saltsjöbad)' 협정
이래 합리적이고 평화적인 노동운동과 노사합의에 의한 경제성장과
복지라는 두 마리 토끼를 한꺼번에 잡은 '스웨덴 모델'에 종지부를 찍
은 게 아닌가 하는 우려를 낳고 있다. 그러나 이런 우려와는 정반대로

러벤 사민당 총리는 이 합의를 '역사적'이라고 추켜세우며 환영했다. 이런 환영의 배경에는 다당제와 소수연립정부라는 스웨덴 정치의 고질적 문제와 깊이 연관되어 있다.

현 스웨덴 정부는 2018년 가을 의회선거를 거쳐 2019년 1월 출범한 사민당과 환경당으로 구성된 소수연립정부다. 소수연립정부의 약세를 극복하고 정치안정을 도모하기 위하여 정부는 우파의 자유당(L)과 중앙당(C)의 지지를 끌어내는 소위 2019년의 '1월 협정'을 체결하는 데 성공했다. 물론 두 당의 지지는 거저 얻은 것이 아니고 전통적인 사민당이나 환경당 정책과는 거리가 있는 자유당과 중앙당의 핵심 정책들을 실현해야 하는 커다란 대가를 치러야 했다. 이렇게 할 수 밖에 없었던 이유는 아래 각 당의 현재 의회 의석수와 정부와 야당과의 관계를 보면 명확해진다.

현 사민당과 환경당 소수연립정부는 고작 의회 의석의 33% 밖에 차지하지 못하고 있으며, 현 정부를 지지하는 우파의 자유당과 중앙당을 합쳐도 과반수에 못 미치는 48%에 머물고 있다. 반면 좌파의 좌익당과 나머지 우파의 기독교민주당(기민당), 보수당 그리고 스웨덴 민주당이 합세하면 52%로 의회 정족수의 과반이 넘어 정부에 대한 불신임 결의로 정부를 무너뜨릴 수 있다.

스웨덴 같은 다당제의 고질적 문제 중 하나가 바로 정부 구성인데, 2018년 가을 의회선거는 그 어느 때보다 정부 구성을 어렵게 했다. 정부 출범 후에도 '정부 위기'라는 소리가 그치지 않은 상황이 계속 연출되었다.

정부 위기를 연출한 가장 난제 중 하나가 바로 '고용보호법(LAS)' 의 노동권 문제다. 이는 이민 문제와 함께 언제 터질지 모르는 뇌관 으로 작동해왔다. 자유당과 중앙당이 내건 정부 지지 요건 중 하나가 늦어도 2021년까지는 고용보호법을 개정 · 현대화해야 한다는 것이 었다.

이 요구를 실현하기 위하여 정부는 2019년 4월에 정부위원회를 설 치하였고, 이 위원회는 자신의 연구 · 조사 결과를 2020년 6월 1일 발 표했다. 위원회의 제안은 다음과 같이 크게 세 가지로 요약할 수 있다.

첫째 기업에서 일감 부족으로 인한 직원 해고 시 고용보호법의 '입 사 역순위 규정(Turordningsreglerna om sist in först ut)'에 예외 규 정을 더 확대했다. 이 규정은 노조에게는 이제까지 '신성한 소'로 여 겨져 온 것으로 일감 부족으로 인한 직원 해고 시 제일 늦게 입사한 사람부터 자른다는 원칙이다. 현재 10인 이하의 기업에서 핵심 직원 2명에 한해서 예외를 둘 수 있도록 하고 있으나 위원회는 이 예외 규 정을 확대하여 기업의 규모와 상관없이 5명까지 예외를 둘 수 있도록 했다. 즉, 늦게 입사한 직원일지라도 기업이 원하는 직원은 5명까지 예외로 하고 6명부터 입사 역순위 규정을 따른다는 것으로 사용자 측 에 아주 유리한 제안이다.

둘째 태만이라든지 역량 부족의 '개인적 사유'로 인한 직원 해고 시 현재와 같이 '사실에 근거한(saklig)' 기준에 의해 이뤄져야 한다는 원 칙은 계속 존재한다. 하지만 15명 이상 기업은 법원 결정에 따라 정당 한 기준이 아니라고 판정이 날 때도 해고가 무효가 되어 재고용되는 게 아니라 일정 수준의 보상을 거쳐 해고할 수 있도록 했다. 이 또한 사용자 측에 유리한 제안이다.

셋째 사용자는 6개월 이상 근무한 직원에 대하여 역량개발 교육 · 연수를 제공할 의무가 있다. 이를 어길 시 직원에게 2개월 급여를 지불해야 하고 2년 이상 근무한 직원에게는 3개월 급여를 지불해야 한다고 제안했다. 이 제안은 앞의 두 제안이 사용자 측에 절대적으로 유리한 것에 대한 노동자 보상 제안이라고 할 수 있다.

정부위원회의 이러한 제안에 자유당과 중앙당은 환영했지만 사민당 노동부 장관뿐만 아니라 LO도 노동자와 사용자 사이의 균형을 잃은 제안이라며 즉각 반대 의사를 표현했다.

좌익당은 노동자의 고용안전성을 해치는 어떠한 제안도 반대한다며 이를 강행할 경우 정부불신임안을 제출할 것이라고 협박했다. 좌익당이 불신임안을 내면 우파 야당인 보수당, 기민당, 스웨덴민주당이 가세하여 정부를 무너뜨릴 수 있는 구조이다. 이전에도 좌익당의 이러한 협박이 다른 사안에서 상당한 힘을 발휘한 적이 있다.

스웨덴 전통에 따라 정부위원회의 제안을 중심으로 노사는 앞으로 고용보호법을 어떻게 개정할지 협의를 시작했고 LO는 사용자 측의 제안을 10월까지 두 번이나 거부했다. 노사 간 합의가 이뤄지지 않는 상황에 이르자 자유당과 중앙당은 위원회의 제안이 관철되지 않으면 '1월 협정' 위반이라며 정부 지지를 철회한다고 선언해 정부 위기가 고조되었다. 이런 식으로 정부는 고용보호법 개정으로 인하여 좌, 우에서 동시에 협공을 당해 사면초가가 되었다.

이런 위기 상황에서 지난 12월 4일 LO 산하의 산별노조인 지자체 노조와 금속노조가 사용자 측과 전격 합의에 도달했다. 합의된 조항들은 위 위원회의 제안과 차이가 있고 몇 개의 조항은 신설되었다.

정부위원회의 첫 번째 제안인 일감 부족으로 인한 해고 시 예외 규정을 '기업의 크기와 관계없이 5명에서'를 '기업의 크기와 관계없이 3명'으로 줄였고 두 번째 제안의 '개인적 사유' 문제는 구체적인 언급이 없이 단지 사용자의 비용 절감이라고만 언급했다. 그리고 정규직 전환, 임금 삭감, 교육·연수 문제 등은 노동자 측에 유리하게 신설 또는 변경되었고 이는 다음과 같다.

정규직으로 전환될 수 있는 비정규직 근무 기간을 2년에서 1년으로 단축했다. 렌탈 기업에서 파견된 직원도 3년 동안 한 직장에서 24개월 근무했을 경우 정규직으로 전환한다고 합의했다. 또 사용자가 전체 노동자의 노동시간을 일률적으로 조금씩 줄이며 임금을 삭감하는 소위 '대패질'의 사용에 제한을 두어 입사 역순위 규정에 따라 임금을 삭감하고 임금 삭감 시에도 근무 기간에 따라 1~3개월 동안 이전의 임금을 보장하도록 했다. 세 번째의 역량개발 교육/연수도 8년 이상 근무한 직원은 임금의 80%를 받으며 1년(또는 3학기) 동안 재교육을 받을 수 있도록 했다.

특히 돌봄 직원, 간호보조사 등 비정규직이 많은 지자체노조는 대패질 제한과 정규직 전환 제안을 크게 환영했다. 금속노조는 80%의 임금을 받으며 1년 동안 역량강화 재교육을 받을 수 있는 것을 합의에 찬성하는 주된 이유로 들었다.

이와 같이 고용보호법의 조항들에 지자체노조와 금속노조가 사용자 측과 합의함으로써 자유당과 중앙당의 정부불신임 압력은 사라졌다. 그러나 좌익당은 노동자의 권리를 해치는 어떠한 제안도 반대한다며 LO가 찬성하지 않는 안은 계속해서 반대할 것이라며 정부 불신임이 완전히 사라진 게 아니라고 위협했다.

그러나 이는 당장의 문제가 아니다. 정부가 위 노조와 사용자측의 합의에 기초하여 2021년 정부안을 의회에 제출하게 되며, 좌익당은 그때서야 정부불신임 무기를 사용할 수 있어 당장의 정부 위기는 모면했다.

이번 사태가 남긴 가장 큰 문제는 앞으로의 전국노동자총연맹(LO)의 역할이다. 1930년대 이후 노사안정과 복지국가 달성의 큰 주춧돌이 된 LO의 역할은 지난 몇 십 년 임금협상이 산별노조로 분권화되며 가뜩이나 축소되었는데 이번 노동자 권리보호와 고용안정의 가장 핵심 법령인 고용보호법 개정에서 완전히 무시되었다.

이에 대해 LO 의장은 "LO는 LO의 문제, 산별노조는 산별노조의 문제가 있고, 산별노조는 산별노조대로 각자 나아가 길이 있고 LO가 전체 산별노조와 함께 나아갈 길이 있다"라며 애써 태연한 척했지만 커다란 실망을 숨기지 못했다.

앞으로 LO가 각자도생의 길을 가는 산별노조와 함께 사용자 측과의 관계 그리고 스웨덴 경제와 정치에서 어떤 역할을 할지 주목된다.

『오마이뉴스』 2020년 12월 11일

5부

스웨덴 숲에서
코로나 19를 직면하다

스웨덴의 차분한 코로나 대응, 성과 거둘까

내가 사는 곳은 스웨덴이다. 초등 · 중학교 전문상담사인 아내가 2주째 출근을 못 하고 있다. 가슴을 압박하는 것 같다. 이어 신장에 통증이 느껴진다, 다시 목과 가슴 쪽으로 올라와 좀 어지럽고 구토기가 있다. 미열은 있으나 기침은 없다. 코로나 19 감염인지 아닌지도 모르고 이렇게 자가 격리 상태에서 몸조리를 하고 있다. 필자가 심각한 것 같다며 병원에 전화해보라 하니 아내는 이 정도로 병원에 전화하면 자신까지 병원에 부담을 준다며 고개를 젓는다. 그러면서 다시 '국민건강청'의 코로나 대응 지침을 본다.

유럽과 미국 모두 한국이 코로나 대응 모델국가라며 찬사를 보낸다. 한국은 중국과 이탈리아같이 지역 봉쇄를 하지 않으면서 감염자와 감염 위험군을 적극적으로 추적해 신속히 검사하고 격리하며 치료했다. 그 효과는 감염자 · 사망자 수가 다른 나라보다 매우 낮은 것으로 나타났다. 이런 뉴스를 접한 이웃 스웨덴 아저씨는 "한국은 신천지교만 아니었다면 코로나 문제를 벌써 해결했을 것"이라며 내게 엄지를 세워 보였다.

이탈리아와 스페인을 비롯해 유럽 전역이 코로나 비상이다. 군용차로 시신을 나르는 장면은 심각성을 그대로 보여준다. 조금씩 차이는 있지만 거의 유럽 전역이 지역 또는 국경 봉쇄, 모임 금지, 외출 금지를 단행하고 이런 금지 조치가 잘 시행되는지 확인하기 위해 군대와 드론까지 동원한다. 이웃 나라 노르웨이, 덴마크, 핀란드도 국경 봉쇄, 여름집 숙박 금지, 감염으로 의심되는 사람에 대한 강제 검사를 하고 심지어 당국의 자택 방문을 통해 자가 격리를 통제한다. 모두 전시나 독재국가에서나 있음직한 통제체제를 가동하고 있다. 세계 곳곳에서 사재기로 상품이 동이 났다고 한다.

스웨덴의 대응은 이런 모든 나라와 판이하다. 국경을 봉쇄하지 않았고 외출 금지나 집회 금지 조치도 내리지 않았다. 사람들도 사재기를 하지 않고 있다. 고등학교와 대학교는 원격강의로 대체하고 초등·중학교는 교장 판단하에 수업을 계속하고 있다. 개인 거리를 유지하기 위해 모여서 선 채 맥주 마시는 것을 금지하고 식당의 식탁 사이 거리를 조금 멀게 조처했을 뿐이다. 가능하면 일상을 유지하는 방향으로 가려는 것이 역력하다.

국민건강청 권고지침도 시민 개개인의 책임감에 호소하며 손을 깨끗이 씻고 소독하기, 대화할 때 1.8m 거리 두기, 불필요한 외출과 모임 자제 등으로 바이러스 전파를 차단하는 예방조치에 초점을 둔다.

한국처럼 감염자를 적극적으로 찾거나 감염 여부를 검사하지도 않는다. 발열 또는 기침 증세가 있으면 우선 자가 격리하고 증세가 뚜렷해지면 병원으로 전화할 것을 권고한다.

이런 개인적 차원의 지침 외에 국가 차원에서는 최근 퇴직 의사들의 복귀를 요청하고, 시급하지 않은 일반 환자의 치료나 수술은 코로나 환자를 위해 2순위로 하고, 공공장소를 임시병원으로 개조하고, 군대까지 동원해 야전병원을 설치하여 호흡기질환 중환자실 또는 집중병실을 대폭 늘려 대비하고 있다. 또 이 사태가 경기 침체나 대량실업 등 경제에 미치는 파장을 줄이기 위해 기업에 무이자 대출을 하고 국가보험금 및 세금 납부 연기, 무급여 병가 기간 잠정적 철폐, 중소기업 지원책 등을 내놨다.

코로나 사태의 심각성을 강조하면서도 바이러스 전파를 막기 위한 '개인의 이성과 책임'에 가장 큰 역점을 두며 국가적 대비에 최선을 다하는 것이다. 스웨덴 수상은 '국민에게 드리는 연설'에서도 "국가의 책임은 말할 것도 없지만 개개인의 책임이 막중하다"라며 다음과 같이 호소한다.

"일생에서 자신뿐 아니라 동료를 위해, 이웃을 위해 그리고 우리나라를 위해 희생을 치러야 할 결정적인 순간이 많지 않지만, 있다. 지금이 바로 그 순간이다. 우리 모두 감염이 되지 않도록 스스로 책임을 지고 노인과 취약 계층을 보호해야 한다." 나아가 빈부격차나 사회계층에 따른 코로나 치료의 불평등을 막아야 한다며 국가의 역할과 연대를 강조한다.

개인의 책임과 연대, 국가의 합리적 의료 대응에 초점을 둔 스웨덴의 이 차분한 코로나 대응이 생명을 건 대 실험인지 아니면 한국과는 다른 새로운 모델을 만들어낼지는 머지않아 밝혀질 것이다. 아내가 곧 다시 출근하여 아이들과 부대끼는 날을 기대한다.

『국제신문』 2020년 3월 29일

스웨덴 요양원에서 일어난 코로나 비극

스웨덴은 느슨한(liberal) 코로나바이러스 대응으로 세계의 주목을 받았다. 국경이나 지역을 봉쇄하지도, 감염자를 색출하지도, 첨단기술을 동원해 감염자의 동선을 파악·격리하지도, 공공기관이나 학교, 식당이나 유흥업소를 폐쇄하지도 않았다. 2020년 3월 11일에는 500명, 3월 27일에는 50명으로 집회 금지를 단계적으로 강화하고, 3월 24일에는 식당 식탁 사이의 적정 거리를 권고하고, 4월 1일에는 전국 요양 시설 출입을 금지하는 정도에 그쳤다. 물론 정부와 방역기관들은 의료대책에 나름 최선을 다하며 시민 각자의 이성, 신뢰, 책임에 바탕을 둔 손 소독 등 개인위생과 사회적 거리 두기에 역점을 두었다.

이러한 스웨덴의 느슨한 코로나 대응은 국제적으로 많은 비판과 우려, 그리고 찬사를 동시에 받았다. 영국 〈가디언〉지가 최초로 스웨덴의 코로나 대응 모델을 보도하며 사람들이 아무런 제재도 없이 자유롭게 다닌다며 '집단면역' 이론에 의존한 것이라고 전했다. 외신들은 여기에 덧붙여 스웨덴은 집단면역에 의존해 코로나 대응에 손 놓고 있다는 인상까지 주는 보도를 했다.

스웨덴의 코로나 대응 결과는 어떻게 됐을까? 5월 16일(현지 시각) 현재 인구 100만 명당 희생자(사망자) 수를 비교하면, 스웨덴은 358명으로 세계에서 6번째로 높다. 벨기에(784명), 스페인(588명), 이탈리아(523명), 영국(511명), 프랑스(411명) 다음이다.

중남부 유럽 국가들이 불명예스럽게도 많은 희생자 수를 보이고 있다. 코로나바이러스 발원지라고 하는 중국(3명)과 그에 인접한 한국(5명)과는 하늘과 땅 차이다. 정치 환경이나 의료복지 등이 유사한 인근의 북유럽국가들인 덴마크(93명), 핀란드(53명), 노르웨이(44명)와 비교해도 스웨덴의 코로나 희생자 비율은 터무니없이 높다.

그 원인은 어디에 있는가? 중국 우한 지역에서 코로나가 발생하고 이탈리아를 위시하여 유럽으로 전파될 때 스웨덴도 이에 대한 대비를 철저히 한다고 했다. 은퇴한 의사를 불러들이고 응급교육을 통하여 간호사를 증원하고 야전병원까지 동원하여 집중치료실 확보에 만전을 기했다. 그리고 증상이 있고 자택 요양이 어려운 환자들은 병원에서 치료하고 심각한 환자는 집중치료실에서 인공호흡기 등 첨단기술을 동원하여 치료했다. 집중치료실은 아직도 남아돈다고 했다. 결코 손 놓은 것은 아니다.

그러나 스웨덴은 두 가지 부분에서 결정적으로 실패했다. 하나는 마스크, 얼굴 가리개, 장갑, 의료복장 등 방역 장비를 제대로 확보하지 못한 것이고, 다른 하나는 코로나 검사를 신속하고 대량으로 할 수 있는 검사 도구와 검사 분석 역량의 부족이다.

특히 장비 부족 문제는 스웨덴 정부도 미리 알고 3월 16일에 사회청(Socialstyrelsen)에 지자체의 수요를 조사하고 장비를 구입하여 장비 수급에 지장이 없도록 하라는 지시까지 내렸다. 그러나 코로나 장비의 세계 공급망에 문제가 있는데 미리 지시를 내린다고 장비 부족 문제가 해결되는가? 그뿐만 아니라 스웨덴 위기법과 관련 법령에 의하면 방역장비의 구비는 중앙정부의 책임이 아니라 도 차원의 책임으로 되어 있다.

코로나 검사 역량 문제는 그 필요성에 대한 방역책임자들의 인식 차이가 크게 작용한 것 같다. 스웨덴 국민건강청의 전염병 국가의사 안데스 테그넬은 대량검사에 회의적이었고 '꼭 필요한 사람을 테스트하면 된다'는 입장이었다. 그런데 사태가 악화되고 대량검사의 필요성이 절실해지니 4월 초 러벤 수상까지 나서 1주일에 10만 명을 테스트할 수 있도록 하겠다고 약속했다. 그런데 5월 중순인 지금도 일주일에 채 3만 명을 검사하지 못하고 있다.

방역 장비와 검사 역량 부족이 불러온 상황은 위 통계에서 보았듯이 참담하다. 스웨덴과 같이 느슨한 제재를 할 경우, 노인과 기저질환을 가진 취약계층의 감염을 막는 게 급선무라고 모두가 입을 모아 말했지만, 스웨덴은 노인을 집단으로 돌보는 요양 시설의 감염을 막는 데 완전히 실패했다.

최근 발표된 자료에 의하면 전국적으로 상당수의 요양 시설이 감염되었고 가장 감염이 심한 스톡홀름 지역은 절반 이상의 요양 시설에 바이러스가 퍼졌다. 이 결과 전체 코로나 희생자의 30~40%가 요양 시설에서 나왔으며, 희생자의 연령층도 아주 높아서 70세 이상이 90%에 육박한다. 4월 중순께는 수상과 국민건강청의 책임자가 요양 시설의 감염을 막는 데 실패했다고 인정했고 책임 문제까지 불거졌다. 하지만 수상과 사회부 장관은 지금 책임을 물을 시기가 아니라며 무마했다.

스웨덴과 같이 노인을 요양 시설에서 돌보는 사회체제와 문화에서 요양 시설의 감염차단이 방역의 핵심이란 걸 알면서도 왜 이런 일이 일어났을까? 요양 시설의 감염은 주로 코로나바이러스에 감염됐으나 증상이 경미하거나 무증상 또는 잠복기 중에 있는 자녀들의 방문과 요양 시설에서 근무하는 요양사들에 의해 일어났다.

요양 시설의 감염이 크게 문제가 되니 정부는 4월 1일 요양 시설 방문 금지령을 내렸다. 이 금지령에 의하여 자녀들에 의한 감염은 막을 수 있었지만, 요양 시설에서 근무하는 요양사들에 의한 감염은 막을 수 없었다. 요양사들은 상당수가 비정규직이라 교체가 잦고 코로나와 같은 전염병에 대한 경험이 부족했다.

특히 장비 부족으로 인하여 요양사들이 장비를 제대로 착용하지 않거나 제때에 교체하지 않고 여러 노인을 돌보는 과정에서 자신의 바이러스를 노인들에게 전파하거나 노인들 사이의 바이러스 전파 매개체가 되었다. 요양 시설 측에서는 요양사들 상당수가 감염된 걸 알고 있으면서도 검사 역량 부족으로 검사가 제대로 이뤄지지 않았다. 심지어 지자체나 요양 시설업체가 검사를 제대로 하지 않는 것에 대해 검사 결과가 양성이면 요양 시설에 일할 사람이 줄어들기 때문에 검사를 꺼린다는 증언까지도 나왔다. 노인을 돌보는 요양 시설이 많은 스웨덴과 유럽에서 노인 희생자가 많은 것은 바로 이런 환경 때문이다.

그럼 요양 시설의 감염 차단에 실패한 스웨덴의 코로나 대응은 '집단면역(Herd immunity)'과 어떤 관계에 있을까? 〈가디언〉 보도 이후 스웨덴의 코로나 대응에 이 '집단면역'이란 딱지가 계속 붙어 다녔다.

현재 각국의 코로나 대응 방안은 크게 두 가지로 나눌 수 있다. 하나는 감염억제(suppression) 전략이고, 다른 하나는 감염완화(mitigation) 전략이다. 전자는 발병 초기에 외출 금지 등 엄격한 통제를 통하여 코로나의 감염을 최대한 억제하고 2차, 3차 감염이나 지역 감염을 막기 위하여 대량으로 감염 검사를 하며 격리 조치하는 전략이다. 외출 금지나 지역봉쇄는 하지 않았지만 감염억제 전략의 대표적 성공 사례가 한국이다.

감염완화 전략은 감염 속도를 최대한 늦추어 의료 역량의 한계를 넘어서지 않도록 하여 발생하는 환자는 치료하고 동시에 국민의 일정 수준이 감염되고 항체가 생기면 바이러스가 결국 종식된다는 집단면역에 근거하고 있다. 위에 언급한 모든 나라들은 스웨덴과 달리 강한 감염억제 정책을 폈지만 이들 사이의 희생자 비율은 크게 차이가 난다.

스웨덴 방역 담당자들은 처음부터 국경 및 지역 봉쇄나 첨단기술을 사용하여 감염자를 추적하여 격리하거나 학교, 식당 및 유흥업소를 폐쇄하는 조치들이 그렇게 효과적이라고 보지 않았다. 국민건강청장 아르비드 칼손은 4월 6일 인터뷰에서 "이제까지 축적된 전염병 지식과 경험에 기초하여 스웨덴은 지금과 같은 대응을 한다"라고 했다. 그는 "유럽의 감염병 전문가들도 스웨덴 방식에 동의하나 정치가 개입되어 대응 전략이 달라졌다"라고 주장했다.

스웨덴의 방역 장비 부족사태는 단순히 위기 대응 능력 부족으로 보이나, 검사 역량 부족 사태는 위 테그넬의 언급에서도 볼 수 있듯이 필요성 자체에 대한 인식의 차이에 기인한 것으로 보인다. 이 인식의 차이는 결국 느슨한 대응 방식과 함께 집단면역 이론에 기초한 것으로 치부하게 된 동기가 되었다.

문제는 국민의 어느 정도가 감염·면역이 되어야 바이러스 전파가 멈출 것인가? 이는 전염병에 따라 크게 다르다. 전파력이 매우 강한 홍역의 경우 국민의 95%가 면역되어야 전파되지 않는다고 한다. 코로나바이러스 경우 스웨덴에선 초기에 국민의 60%, 최근엔 40%가 감염·면역될 때 집단면역이 되어 전파되지않는다고 한다. 스웨덴의 한 수학자는 가장 감염이 심한 스톡홀름 지역 같은 경우 6월 중순이면 인구의 40% 정도 집단면역이 형성되어 감염이 크게 줄어들 것이라고 예측했다.

국민건강청은 곧 스톡홀름 지역의 코로나 감염·면역 상태를 분석하여 결과를 내놓는다고 한다. 실제 스페인의 마드리드 같은 경우는 현재 11% 정도의 면역상태에서 감염이 크게 줄어들고 있다고 한다. 반대로 감염억제 전략을 통해 코로나 사태에 성공적으로 대처한 한국, 중국, 독일 등에서는 면역 정도가 낮아 새로운 감염 사태가 계속 불거지고 있다.

코로나 사태와 집단면역 이론은 과연 어떤 관계로 결론이 날지 두고 볼 일이다. 그러나 집단면역에 도달하는 과정에서 발생하는 국민 생명과 건강의 희생은 누가 책임질 것인가? 국가의 방역 실패는 고스란히 국민, 그것도 노인과 기저질환을 가진 취약계층이 떠안는다.

코로나 사태는 아직 끝나지 않았다. 어떤 전략이 더 많은 생명을 지킬 수 있었는지, 어떤 전략이 의료 역량과 사회경제적 비용 등 모든 것을 고려했을 때 더 효율적이었는지 앞으로 많은 연구가 필요하다. 그러나 어떠한 이론도 국민의 생명을 담보해서는 안 된다. 잊지 말아야 할 것은 코로나바이러스보다 더 무서운 전염병이 곧 또 온다는 사실이다.

『오마이뉴스』 2020년 5월 19일

코로나는 국가의 정체성을 드러낸다

전 세계가 코로나 사태로 홍역을 치르고 있다. 국가마다 방식은 조금씩 달라도 거의 모든 국가가 국경 봉쇄와 외출 금지 등 강한 통제 정책을 펴며 첨단기술까지 활용해 국민의 생명과 건강을 지키려 한다. 이 와중에도 미국 트럼프 대통령같이 코로나 바이러스에 대해 전혀 준비되어 있지 않은 무능한 지도자나 브라질의 보우소나루 대통령같이 비과학적인 정보를 퍼뜨리는 지도자도 있다.

코로나 대응의 천태만상 속에 과연 국가는 어떤 전략을 펴고 어디에 우선적 가치를 두어야 하는가? 국민의 생명과 안전이냐 민주주의 수호냐? 겉으로 드러난 가치 뒤에 숨어있는 참모습은 무엇인가? 헝가리와 스웨덴의 코로나 대응을 중심으로 국가의 역할에 대한 질문을 분석해 본다.

이탈리아, 스페인, 프랑스, 영국 등 서유럽에서 코로나가 많은 희생자를 내며 기승을 부릴 때 대부분 동유럽 나라들은 코로나의 영향을 받지 않았다.

헝가리의 경우 2020년 3월 4일 첫 코로나 확진자가 발생했다. 서유럽의 걷잡을 수 없는 상황을 목격하며 헝가리 오르반(Orban) 정부는 3월 11일 비상사태를 선언하고 3월 16일 국경 봉쇄, 생필품 또는 약품 구매 외 외출금지, 학교폐쇄 등 아주 엄격한 통제조치를 취했다.

그리고 곧 '위기법(Crisis Law, 일명 코로나법)' 제정에 돌입했다. 3월 30일 제정된 이 위기법에 의하면 코로나 같은 위기상황의 발생 및 존속 시 정부는 아무런 제한 없이 행정명령을 통해 나라를 통치할 수 있다. 이는 기존 법률에 구애받지 않고 종료 시한도 두지 않는다.

그뿐만 아니라 기자 등 언론인과 개인이 코로나에 관한 가짜 뉴스나 정보를 게재하거나 퍼뜨리는 경우 5년 이하의 징역에 처할 수도 있다. 정부를 비판하면 '가짜 뉴스'로 감옥 갈 수 있는 상황에서 누가 감히 오르반 정부를 비판할 것인가? 페이스북의 정부 비판 글에 '좋아요'만 눌러도 범법행위가 될 수 있다니, 이 법이 오르반과 오르반 정부의 비판을 금지하기 위해 만들어졌다는 주장은 결코 과장이 아니다.

이 위기법 제정으로 헝가리 언론은 완전히 독립성을 잃게 되었고 사법부와 의회도 같은 운명에 처해졌다. 뿐만 아니라 각 정당의 정부 지원금도 반으로 삭감됐고 지자체들, 특히 야당이 집권한 지자체의 예산도 대폭 삭감됐다.

이러한 위기법에 대해 헝가리의 야당과 인권단체는 물론 유럽연합(EU), 국제연합(UN)까지 강하게 비판했다. 유럽위원회는 "코로나 위기 같은 상황에서 개인의 자유와 권리, 즉 민주주의 원칙에 대해 일부 제한은 둘 수 있지만 반드시 일몰제(sunset clause) 같은 시간제한을 둬야 한다고 권고했음에도 헝가리가 이런 법을 제정했다"라고 비판했다.

스웨덴을 위시한 EU 국가들과 EU 의회 의원들은 "유럽이 힘을 모아 코로나 위기 극복에 사력을 다할 때 헝가리의 오르반 총리는 모든 권력을 자신의 손아귀에 쥐려고 한다", "오르반이 통치한 지난 10년간 민주주의를 야금야금 깎아 먹었는데 이제 완전히 삼켜버렸다", "이 법은 국가 전복과 다를 바 없다", "헝가리는 이제 더 이상 민주주의 국가가 아니라 권위주의 국가로 전락했다"라며 비판의 수위를 높였다.

이런 국제적 반응에 헝가리 정부는 "아직도 의회가 현재와 같은 위기상황의 종식을 결정할 수 있는 권한이 있다"라고 맞받아쳤고 법무부 장관은 헝가리를 향해 이어지는 비판을 쓸데없는 '과잉흥분(hysteria)'으로 치부하기까지 했다.

반면 스웨덴은 헝가리와 정반대의 모습을 보여줬다. 세계에서 가장 느슨한 코로나 대응으로 주목을 받고 있는 스웨덴은 50명 이상의 집회 금지와 노인요양시설의 출입금지 외의 다른 조치는 권고 수준이고 개인위생과 사회적 거리 두기 등 시민의 책임 있는 자발적 대응에 크게 의존하는 전략을 펴고 있다.

코로나로 인한 사망자가 줄지 않고 계속 높은 수준을 유지하자 최근에는 스웨덴 내에서 이러한 코로나 대응에 대해 비판이 증가하고 있다. 코로나 전략이 '집단면역'이라는 잘못된 이론에 근거한 것은 아닌지, 왜 다른 나라처럼 감염자 추적과 대량 검사 그리고 격리 등을 통해 감염차단에 주력하지 못하는지에 비판의 초점이 맞춰져 있다.

이런 배경에서 스웨덴 정부도 위기법 제정에 들어갔다. 4월 초 의회에 제출한 최초의 위기법은 코로나 사태에 대응하기 위하여 정부가 할 수 있는 두 가지 내용을 포함하고 있다.

하나는 다른 나라들과 같이 많은 상점들과 식당이 모인 센터를 폐쇄하고 기차역, 항구 등 교통수단을 통제할 수 있다는 것이고, 다른 하나는 정부가 의약품과 방역 장비 등의 보급을 광역시·도 사이에서 조정할 수 있다는 것이다. 사실 스웨덴에서 이런 권한은 이제까지 의회에 있었고 의회의 사전 승인 없이는 정부가 할 수 없는 조치들이었다. 사회부 장관은 "사민당 정부가 개인의 자유와 권리를 제한하는 이런 법은 결코 만들고 싶지 않다. 그럼에도 불구하고 현 코로나 사태가 심각하다"라며 법 제정의 필요성을 호소했다.

그러나 조급하게 만들어진 이 제안에 대해 좌우의 야당들은 이구동성으로 "권력이 의회에서 정부로 이전되어 정부의 권한이 불필요하게 커진다"라고 비판했다. 법제처의 판단도 이와 유사했다. 언론도 코로나 대응에 정부가 더 큰 권한을 가질 필요가 없으며 코로나와 같은 위기상황에서 민주주의에 대한 어느 정도의 유보는 불가피할지 몰라도 근본적인 개인의 자유와 권리를 침해해서는 안 된다는 논리를 폈다. 한마디로 정부의 이 위기법안은 민주주의 원칙에 어긋난다는 것이다.

정부는 이런 비판을 수용해 다음과 같이 수정된 위기법으로 4월 18

일 의회의 승인을 받았다.

1) 정부는 코로나 감염 차단을 위해 집회 인원수를 제한하고, 많은 식당, 상점들이 모인 센터를 폐쇄하고, 기차역, 항구 등 교통수단을 교통통제를 할 수 있다. 그리고 정부는 약품과 방역 장비를 광역시·도 사이에 조정·수급할 수 있다.

2) 정부의 이러한 행정명령은 발표와 함께 바로 적용된다. 정부는 '최대한 빨리' 이 결정을 의회에 제출하고 의회는 거부권을 행사할 수 있다. 만약 정부가 의회의 결정에 반대하면 법원에 제소할 수 있다.

3) 이 위기법은 6월 30일까지 존속한다.

위기법 제정 과정을 보면 스웨덴 정부의 권한이 다른 민주국가들에 비해 현저히 약한 것을 볼 수 있는데, 이는 민주주의 원칙에 의해 국민의 대의기관인 의회의 권한이 커야 한다는 논리를 배경으로 하고 있다. 위기법 제정 이후 상당 시간이 지났고 계속 희생자가 늘어나며 비판의 목소리가 높아져도 스웨덴 정부가 아직 이 법을 적용한 사례는 없다.

이렇게 완전히 다른 길을 간 두 나라의 코로나 희생자 상황은 어떨까? 스웨덴은 6월 3일 현재 인구 100만 명당 희생자 439명으로 벨기에, 영국, 스페인, 이탈리아에 이어 세계에서 6번째로 높은 수치를 기록하고 있다. 강한 통제 전략을 사용한 북유럽의 이웃 나라 덴마크(100명), 핀란드(58명), 노르웨이(45명)와 비교하면 터무니없이 높다. 반면 같은 방법으로 계산한 헝가리의 코로나 희생자는 100만 명당 54명꼴이다. 스웨덴에 비해 8분의 1도 채 되지 않는다.

그럼 국민의 생명과 건강을 지키기 위해 헝가리처럼 민주주의를 포기하고 권위주의 체제로 전락하는 것이 옳은가? 즉, 권위주의적 체제 밑에서 살 정도의 위험을 감수해야 하는가? 아니면 스웨덴과 같이 개인의 자유와 권리라는 민주주의 가치를 수호하기 위해 터무니없이 많은 희생을 허용하는 것이 옳은가?

이들 두 나라의 상황을 좀 더 살펴보자. 오르반이 총리로 집권한 2010년 이후 헝가리는 EU 국가 중 가장 높은 경제 성장률을 기록하며 실업률도 크게 감소했다. 이러한 경제적 성공에 힘입어 오르반의 민족주의적 보수당(Fidesz)은 현재 의회 의석의 3분의 2를 차지하고 있다. 오르반 총리가 지금 권위주의적 체제로 전환한 것은 단지 시기적으로 앞당겨졌을 뿐 코로나라는 국가적 위기가 없었더라도 위기법과 유사한 법을 제정해 지금과 같은 상황으로 몰고 갔을 가능성이 크다.

스웨덴의 경우는 사민당과 환경당의 소수 연합정권 체제로 올해 1월 협약에 의하여 우파인 자유당과 중앙당의 지지를 받고 있다. 이러한 의회 상황은 정부로 하여금 적극적인 코로나 대응을 못하게 했을 수도 있다. 정부가 의료전문 중앙행정기관인 국민건강청 뒤에 숨어 아무것도 하지 않는다는 비판이 바로 이런 배경에서 나왔다.

스웨덴의 코로나 대응 실패가 과연 민주주의 가치의 수호 때문인가? 아니다. 정부의 미비한 역할과 국민건강청의 코로나 대응 전략 문제다. 특히 요양 시설의 감염 차단에 실패한 것이 가장 큰 잘못이다.

이러한 실패는 방역 장비나 코로나 감염 대량 검사의 부족과 연관이 깊고 나아가 정부의 위기 대응 역량과 준비 부족으로 돌리지 않을 수 없다.

최근 일부 외신에 의하면 스웨덴 코로나 대응 전략의 총책임자 격인 전염병 국가의사 테그넬은 "코로나 희생자가 너무 많다, 스웨덴의 코로나 대응 전략에 개선의 여지가 있다, 지금과 같은 전염병이 다시 도래하면 스웨덴과 다른 나라들 중간 정도의 전략을 세우는 것이 좋을 것 같다"라고 언급했다고 한다.

그러나 스웨덴 국내 언론 보도에 따르면, 테그넬은 "물론 개선의 여지는 언제나 있으나 기본전략의 실패는 아니다. 요양 시설의 검사를 더 빨리 실행했으면 좋았을 것"이라고 했다.

테그넬의 발언을 종합적으로 분석해 보면, 스웨덴이 집단면역 이론에 따라 방역을 하지 않았다고 하지만 집단면역을 중요시하는 인식이 내비친다. "현재 유럽을 위시하여 많은 나라가 통제 조치를 완화하는데 이는 날씨가 서늘해지는 가을이 되면 제2의 코로나 파동을 몰고 올 것이다. 그럴 경우 외출 금지 등으로 강한 통제 조치를 취한 나라들보다 국민의 면역률이 높은 스웨덴이 잘 이겨낼 것"이라고 테그넬은 말했다.

물론 코로나 사태가 아직 끝난 것은 아니다. 어떻게 될지는 두고 봐야 되겠지만 스웨덴은 이미 희생자가 너무 많다. 결과적으로 헝가리는 민주국가로서의 정체성을 지키지 못했고 스웨덴은 국민의 생명과 건강을 지켜내지 못했다. 국가의 가장 기본적 역할을 제대로 해내지 못한 것이다.

그럼 이 두 가지 문제를 한꺼번에 해결한 나라는 없을까? 한국이 이에 가장 근접한 나라 중 하나로 보인다. 국경이나 지역 봉쇄, 외출 금지 등의 강한 통제 조치를 취하지 않고 투명하게 국민과 소통하며 시민의식에 크게 의존한 전략을 선택했다. 희생자도 인구 100만 명당 5명 정도로 매우 낮다.

그러나 코로나 사태가 종식되면 한국도 핸드폰, 신용카드 또는 QR코드를 활용하여 카페, 식당, 클럽, 노래방 등 코로나 감염 고위험 시설의 출입자들을 추적한 것을 꼭 평가해야 한다. 개인 신상정보와 시설 출입기록을 분리하여 일정 기간만 보관한다고 하지만 국가가 필요한 경우 언제든 개인의 일거수일투족을 감시·추적할 수 있고 나아가 추적된 데이터를 남용·악용할 수 있다. 첨단기술을 사용한 이러한 코로나 대책은 진정 위기 정도에 상응했는지, 공개적이고 투명했는지, 사후에 책임을 물을 수 있고 폐지할 수 있는지, 즉 국민의 기본권 제한을 최소화하는 데 최선을 다했는지 반드시 평가해야 한다. 또 자가 격리, 카페와 식당 영업 정지 시간 등의 강한 통제가 경제에 어떤 영향을 미쳤는지도 평가해야 한다. 코로나와 같은 일시적 위기 때문에 민주주의라는 환자가 위독해지는 수술은 어떠한 수술이라도 성공했다고 할 수 없다.

『오마이뉴스』 2020년 6월 6일

그럼에도, 스웨덴 공공의료는 문제없습니다

　　　　　　　세계 최고의 복지국가라는 스웨덴에서 코로나바이러스로 인한 사망자 수가 예상외로 높아 일부 외신이나 다른 어설픈 경험, 제보에 기초한 기사에서 스웨덴 공공의료체계의 붕괴를 언급하고 있다.

스웨덴에 코로나바이러스로 인한 사망자 수가 많은 것은 사실이다. 2020년 6월 26일 현재 스웨덴 코로나 19 사망자는 100만 명당 514명으로, 벨기에 851명, 영국 650명, 스페인 606명, 이탈리아 574명 다음으로 세계에서 5번째로 많다. 북유럽 이웃 국가들인 덴마크(104명), 핀란드(59명), 그리고 노르웨이(47명)에 비해서도 많은 편이다. 세계 최고의 복지국가로서 불명예스러운 성적표다.

그러나 스웨덴의 공공 의료체계나 보편복지 시스템이 붕괴한 것은 결코 아니다. 필자는 지난 7~8년간 한국에서 살았다. 당시 내시경 검사를 포함한 정기적인 건강검진을 하는 한국 의료 시스템을 보며 스웨덴 의료체계에 문제가 있는 것은 아닌가 하는 의문이 들기도 했다. 그러나 과연 그런가?

스웨덴 의료체계는 사설 병원이 많은 한국과 크게 다르다. 스웨덴은 공공 의료체계로 공립, 국립 병원 시스템이고 사설 병원의 존재는 미미하다. 병원 체계는 지역의 기초병원과 도/광역시 또는 국가 차원의 종합병원과 대학병원으로 나뉘어 있다.

한국과 스웨덴 의료체계의 다른 큰 차이점은 스웨덴에는 한국과 같은 형태의 전 국민 대상 건강검진 제도가 없다는 점이다. 물론 유방암 등 일부 질병에 대해서는 전 국민 대상 정기 검진을 시행하고 있다. 전 국민 대상 건강 검진이 없는 대신 직장에서 정기검진을 하기도 한다. 직장과 연계된 병원에서 실시되는 정기검진은 직원 복지 차원에서 이뤄지며 주로 신체검사, 피검사, 체력검사 등 간단한 검사를 한다. 건강과 체력, 식생활을 체크하는 수준이며 복잡하고 비용이 많이 드는 검사는 하지 않는다.

직장 정기검진에서 문제가 있으면 공공의료 체계로 넘어간다. 물론 직원에게 정기검진을 제공하지 않는 직장도 있다. 한국에서 하는 전 국민 대상 정기검진 제도는 그런 점에서 야심 찬 제도이며 질병을 최대한 빨리 찾아 치료를 할 수 있는 큰 장점을 갖고 있다. 그러나 이 정기검진이 과잉진료와 과잉 의약품 복용으로 귀결되지는 않는지 경계할 필요가 있다. 또 다른 문제는 이 정기검진으로 인해 장기적이고 심각한 질병에까지 의료혜택을 제공하지 못하는 것이 아닌지 하는 점이다. 즉, 이 문제는 전 국민 대상 의료복지에서 어디에 우선순위를 둘 것인지에 관한 것이다.

특히 과잉진료와 과잉 의약품 복용 문제는 감기에 대한 의료 당국의 대처를 보면 쉽게 알 수 있다. 한국에서는 감기에 걸리면 병원에서 영양제를 맞거나 항생제가 포함된 처방을 받아 약을 먹으며 직장을 다닌다. 반면 스웨덴에서는 감기에 걸려 병원에 가면 호흡기 등에 염증이 없는 한 의사는 어떤 처방도 내리지 않고 집에서 쉬라고 한다. '약을 먹으면 1주일 만에 낫고 약을 먹지 않으면 7일 만에 완쾌된다'는 말이 여기서 나왔다. 감기는 집에서 그냥 쉬는 게 최고라는 것을 한국 사람들도 알고 있다. 그러나 과다 업무나 직장에 대한 충성심 때문에 쉬지 못한다.

스웨덴에서는 전 국민 대상 정기검진 제도 대신 자신이 속한 지역의 기초병원에서 몸에 이상이 있다고 느끼면 언제든지 진료를 받을 수 있다. 지역의 기초병원은 '주치의 제도'로 운영되고 있으며 모든 시민에게 주치의가 지정되어 있다. 주치의가 마음에 들지 않으면 언제든지 다른 주치의로 바꿀 수 있다. 간단한 질병은 주치의가 바로 처방을 내리지만, 심각하다고 판단되거나 CT, MRI, 내시경 등의 특수 장비로 진찰할 필요가 있는 경우에는 인근 전문병원, 종합병원 또는 대학병원에 소견서를 보내 진료를 받게 한다.

필자는 최근 오른쪽 갈비뼈 밑이 좀 무겁게 느껴져 주치의를 만나 진료를 받았다. 한국에서 받은 최근 건강검진 소견서도 보여줬다. 주치의가 음주, 흡연, 운동, 그리고 가족 질병력 등에 관해 질문하며 불편한 부위를 진찰했다. 검사 결과를 본 주치의는 필요하면 앞으로 여기서도 정기검진을 하자며 우선 피검사, 초음파검사, 24시간 고혈압 검사를 하자고 했다. 피검사는 10시간 금식 후 언제든지 다시 와서 하라고 하고 다른 두 검사는 필자와 시간을 조정하여 방문 날짜를 정했다. 종합병원이나 대학병원으로 소견서를 보낼 단계는 아닌 모양이었다. 진료시간은 30분 정도 소요됐다. 무엇보다 시간에 쫓기지 않고 마음 편하게 상담하고 싶은 것을 상담할 수 있어 좋았다.

이렇게 의사를 한 번 만나 진료를 받는 데 드는 비용은 200크로나(한화 약 2만 5천 원)이다. 이마저도 상한선 제도가 있어 아무리 병원을 자주 들락거려도 1년 의료비는 1,150크로나(한화 약 15만원)을 넘지 않도록 하고 있다. 암 등의 심각한 질병이나 장기 치료를 요하는 질병도 1년 치료비 상한선 내에서 치료를 받을 수 있다.

또 다른 예를 보자. 필자는 2010년 왼쪽 팔이 저리는 증상이 있어 종합병원에서 CT 촬영을 했고, 뇌졸중 진단을 받아 약을 잠시 먹었으나 경과가 좋지 않아 다시 MRI 검사를 받았다. MRI 검사 결과, 종합병원 의사는 뇌종양으로 의심된다며 나를 의견서와 함께 카롤린스카 대학병원으로 보냈다. 대학병원은 뇌종양 주치의와 다른 몇 명의 전문의로 팀을 구성하여 나를 진찰했다.

우선 내 머리에 구멍을 뚫어 종양으로 의심되는 부분을 추출해 배양검사로 뇌종양의 종류와 심각성을 분석했다. 다행히 성장이 아주 느린 종양이라고 했다. 그럼에도 불구하고 주치의는 영국 등 국제 뇌종양 전문가들과 회의를 통한 자문을 거쳐 최종적으로 방사능 치료만으로도 완쾌 가능하다는 결론을 내렸다. 3개월 동안 집에서 통원하며 엄청나게 큰 방사선 치료실에서 360도로 빙빙 돌아가는 방사선 기기로 치료를 받았다. 직장에는 1년 병가를 냈다.

이 모든 절차가 순조롭고 신속하게 이뤄졌다. 진찰에서부터 수술, 방사선 치료, 그리고 요양, 이 모든 과정에 든 비용은 당시 1년 의료비 상한선인 한화 약 10만 원 정도 밖에 되지 않았다. 그뿐만 아니라 일주일에 한 번씩 있는 내원 치료를 위한 택시비도 일정 비용 이상은 국가가 부담했다. 치료와 요양을 위해 직장에 1년 동안의 병가를 냈지만 국가보험청으로부터 봉급의 80%를 받았다. 큰 질병 치료 때문에 소득이 상실되고 가산이 탕진되는 일은 없었다.

스웨덴의 의료시스템은 그때나 지금이나 큰 변화가 없다. 연구나 의료기기 및 의료기술 면에서 더 진전했으면 했지 후퇴하지는 않았을 것이다. 노벨의학상을 수여하는 나라, 스웨덴으로 최신 연구와 최첨단 의료기술이 계속 유입된다고 알고 있다. 그뿐만 아니라 모든 국민의 질병은 국가가 책임을 진다는 공공의료 철학이 굳건하다. 돈이 없어 병원을 못 가거나 병원에서 쫓겨나는 일은 없다. 부자나 가난한 자나 똑같이 공공의료시스템 안에서 의료혜택을 받을 수 있다. 이것이 바로 세계 최고 보편 복지국가의 공공의료체계다.

위에서 언급한, 스웨덴 의료시스템에 대해 문제를 제기하는 언론은 대체로 보수 성향의 언론매체다. 이들은 어디에 근거를 두는지 모르겠지만 다음과 같은 주장들을 편다. "스웨덴 의사들은 공무원이라 동기부여가 되어 있지 않으며 후한 연금을 받으려고 서둘러 은퇴한다",

"스웨덴은 만성 의사 부족에다 입원 서비스의 질이 낮다", "병상 수가 적어 코로나가 닥쳤을 때 속수무책이었다" 등이다.

이러한 주장은 전혀 사실이 아니다. 필자는 30년 가까이 스웨덴에서 살면서 한 번도 스웨덴 의사가 동기부여가 되어있지 않는다든지 불친절하다든지 권위적으로 환자를 대하는 것을 보지 못했다. 이번 코로나 사태만 해도 군대의 야전병원까지 동원해 준비한 집중치료실이 남아돌았다고 한다.

물론 일부 병원에서는 병실이 부족해 환자를 돌려보낸 경우가 있다고 한다. 그러나 위 언론들이 폄훼하는 정도가 절대 아니다. 보수 성향 언론 매체의 이러한 보도는 근본적으로 보편적 복지제도에 흠집을 내기 위해서라는 것이 분명하게 느껴진다. 이번 코로나19 대응에서 스웨덴 방역 당국이 잘못한 점은 분명히 있다. 앞선 글에서 지적했듯이 코로나바이러스 유입 정황이 있는데도 이를 놓쳐 초기 방역에 실패한 점, 노인 요양시설 감염을 막지 못한 점, 방역장비와 대량 검사 역량 부족 등을 들 수 있다.

즉, 지자체와 광역시 · 도 차원에서 위기 대응 역량의 부족이 드러났고 국가가 지자체와 광역시 · 도의 방역 장비 수급 문제를 조정 · 공급하지 못한 것도 큰 문제였다. 특히 방역 장비가 요양 시설 요양사들에게 충분히 지급되지 않아 요양사가 감염 매개체가 되기도 했다. 또 시민들의 자발성과 책임성에도 한계가 있었다. 이런 문제로 인해 스웨덴 노인 코로나 사망자가 많아진 것이다.

현재 스웨덴은 인구의 상당수(15~20%)가 면역이 된 상태이고 집중치료실에서 치료받는 환자 수와 사망자 수도 계속 줄어들고 있다. 그러나 요양 시설의 감염 차단 실패와 국가 차원에서 방역 및 대량 검사 장비를 구비하지 못한 것은 변명의 여지가 없다.

현재 스웨덴은 코로나 대응에 관한 국가위원회(Kommission)를 구성해 앞으로 1년 반 동안 조사·연구를 할 예정이다. 국가위원회가 코로나 대응의 문제점에 대한 정확한 진단과 분석을 통해 향후 위기 대응 역량을 보강, 세계 최고의 보편적 복지국가로서의 위상을 다시 회복하길 기대한다.

『오마이뉴스』 2020년 7월 2일

스웨덴은 왜 학교를
폐쇄하지 않는가?

코로나 19 방역 대책으로 세계의 모든 나라
가 학교를 폐쇄했을 때 스웨덴은 유아학교나 기초학교를 닫지 않았
다. 고등학교와 대학을 일시적 원격수업으로 전환했을 뿐이다. 학생
과 교사에게 마스크를 쓰게 하지도, 책상 사이에 적정 거리를 두거나
칸막이를 하지도 않았다. 하나의 반을 오전반과 오후반으로 나누지
도, 격일, 격주 등교를 강요하지도 않았다. 아이들은 이전과 마찬가지
로 학교에서 여럿이 몰려다니며 어울렸고 수업 시간에도 모둠 수업이
나 토론 수업을 하며 활발하게 교류했다. 코로나가 스웨덴 학교는 비
켜 간 것인가? 왜 다른 나라들은 학교를 폐쇄했는데 스웨덴은 그렇게
하지 않았는가?

몇 가지 이유가 있다. 하나는 어린이의 사회성을 중요시하기 때문
이다. 학교에서 친구를 만나지 못하고 가정에 고립되면 심리적, 정신

적으로 어려움을 겪는다. 또한 가정폭력에 노출될 가능성도 크다. 다른 하나는 학교를 닫으면 부모들이 출근하지 못하고 자녀를 돌봐야한다. 기초학교 자녀를 둔 의사와 간호사 등 의료진들이 집에 머물게되면, 의료계의 마비로 이어진다. 그렇게 되면 코로나 방역은 어떻게하고 코로나 환자들은 누가 돌본다는 말인가? 이 두 가지 이유로 학교를 닫으면 얻는 것보다 잃는 게 더 많다는 논리를 폈다.

더 중요한 이유는 스웨덴, 영국, 이탈리아 등 유럽국가의 의학, 과학연구에 있다. 카롤린스카 의과대학은 감염병 의사, 바이러스 전문의그리고 소아청소년과 의사들을 중심으로 심심찮게 코로나와 어린이의 상관관계 연구 결과를 언론을 통해 발표했다. 한국의 질병관리청과 같은 스웨덴의 코로나 감염병 책임기관인 국민건강청의 감염병 국가의사나 다른 의사들도 같은 논리를 폈다.

이들은 크게 세 가지 논리를 편다. 첫째, 어린이들은 코로나바이러스에 잘 감염되지 않는다. 어린이의 감염 비율은 어른들보다 훨씬 낮다. 둘째, 어린이는 감염의 동력이 아니다. 어린이 중 슈퍼전파자가 나오거나 학교에서 코로나 집단 감염이 일어난 사례는 없다. 셋째, 어린이는 코로나바이러스에 감염되어도 성인처럼 심각한 폐렴을 앓거나중병으로 발전되지 않는다. 전파력이 강한 영국형 신형 코로나바이러스 B117이 스웨덴 사회에 널리 퍼져 제3차 코로나 파동에 직면했던 2021년 2월 말~3월 초 상황에서도 계속 같은 논리를 폈다.

코로나와 어린이에 관한 의학적 연구를 통하여 도출했다는 위 세가지 결론은 사실일까? 스웨덴 언론에서 다룬 세 개의 코로나 관련 기사를 통해 이 연구 결과의 진위를 살펴보자.

첫 번째 기사는 2021년 3월 1일 자 『Dagens Nyheter』(이하 DN)의 "코로나로 의심되는 병으로 인하여 185명이 결석했다"이다. 이 기사에 의하면 스톡홀름 지역의 어느 유아 및 초등학교에서 재학생 천 명 중 185명이 병으로 등교하지 않았고 130명의 교사 중 30명이 병가를 냈다. 하지만, 이들 중 얼마나 많은 사람이 정확히 코로나 때문에 학교를 나오지 않았는지는 대답할 수 없다고 했다. 학교에 결석이나 결근을 신고할 때 어떤 질병 때문인지를 밝히지 않기 때문이다.

스톡홀름 지자체의 학교 담당 관료도 자신이 담당한 학교 중에는 해당 사례처럼 갑작스럽게 늘어난 결석과 결근 사태를 겪은 학교는 없다고 했다. 이 학교의 일부 학급은 원격수업을 하고, 불요불급한 경우가 아니라면 학급을 섞는 수업은 하지 않도록 하며, 학부모가 학교에 들어오는 것도 금지하는 대책을 세웠다고 했다. 기사는 스톡홀름의 유, 초중고 학생 중 2월의 마지막 주에 코로나에 감염된 학생이 1070명이라며 이는 한 달 전 385명에 비해 2.5배 이상 급증한 것이라고 언급하며 기사를 마무리했다.

두 번째, 3월 18일의 DN 기사는 상당수 어린이가 코로나바이러스에 감염되었다는 소식을 좀 더 구체적으로 다루고 있다. 3월 첫째 주 스웨덴 전체 코로나 감염자의 약 18%가 19세 이하의 학생이었는데, 전체 2만6천여 명의 감염자 중 0~9세가 6백여 명, 10~19세가 4천 명 가까이 됐다. 대체로 영국 변형 바이러스에 의한 감염이었고 이 신형 바이러스가 일부 지역에서는 전체 감염의 75%를 차지했다.

해당 기사에서는 2월 말 스포츠 방학(februarilov) 후 전체 감염자 수가 증가하면서 어린이의 감염도 증가했음을 지적했다. 성인의 직장 내 감염이 증가하고 부모가 가정에서 자녀에게 감염시키며 이들이 다시 학교에서 바이러스를 퍼뜨린 것이 주된 감염경로였다. 이렇게 어린이들의 감염이 증가하자 일부 중학교에서는 1주일간 등교 수업 대신 원격수업을 실시했다고 기사는 보도하고 있다.

마지막으로 3월 14일 자 DN에 실린 기사로 4쪽에 달하는 "의사: 우리가 이 아이들을 도울 수 없으면 큰 재난"이라는 특집 기사이다. 이 특집 기사는 어린이들의 감염 상태를 다루는 위 두 기사와는 달리 어린이들의 코로나 후유증을 다루고 있다. 즉 코로나바이러스가 장기적으로 어린이들에게 어떤 영향을 미치느냐는 주제로 두 명의 어린이와 의료팀을 심층 취재하여 쓴 기사다.

카롤린스카 의과대학의 아스트리드 린드그렌 소아청소년과 아동 감염 전문의 울롭 헤르팅을 중심으로 소아청소년과 의사와 간호사, 운동치료사, 상담사, 심리학자 그리고 음식 관리사들이 한 팀이 되어 현재 코로나 후유증으로 추측되는 어린이 65명을 치료하고 있다. 이들 65명 중 몇 명이 코로나바이러스에 감염됐는지 확실히 알 수는 없지만 약 절반은 항체가 형성되어 있다고 한다.

15세 전후의 아이가 다수이며 10세 이하의 아이도 있고 3분의 2는 여자아이였다. 이들은 모두 다른 증세를 보이는데 공통점은 극심한 피로증이다. 아무 데서나 잠들고 팔이나 다리를 들지 못할 정도로 힘이 소진된 상태였다. 목이 심하게 아프거나 두통을 겪는 아이도 있었다. 일부는 머리카락이 빠지고 심한 복통, 피부 발진 또는 불규칙적인 심장 박동을 겪기도 했다. 이들은 검사할 수 있는 모든 검사는 다 거쳤지만 다른 질병을 앓고 있지 않았다고 한다.

신문에서 심층 취재한 두 명 중 한 명은 11세의 Ewa라는 여자아이로 다음과 같은 감염 경과를 겪었다. 기침, 고열, 목 통증으로 2020년 3월 코로나바이러스에 감염된 것 확인, 4월 온몸에 고통스러운 발진, 5월 두통 및 피로, 9월 이마 쪽의 심한 편두통이 있었으며 그리고 그 후 계속 상태가 나빠져 체력이 완전히 소진되어 거의 누워서 생활한다고 기록하고 있다. 가을에 몸이 좀 나아져 가끔 등교하면 그 후 며칠을 계속해서 앓아누웠다고 한다. 피검사, 심장, MRI 촬영을 통한 뇌 검사 그리고 다른 모든 기관에 대하여 할 수 있는 모든 검사를 다 했지만 현재의 증상과 연결할 수 있는 문제점을 발견하지 못했다고 한다. 의료팀은 일단 코로나 후유증이라는 진단을 내렸고 현재 몸 어디에도 염증을 발견하지 못했지만 면역체계에 문제가 생긴 게 아닌지 의심한다.

의료팀은 인터뷰에서 "세계는 지금 완전히 새로운 병을 맞이했고 이 질병이 어린이들에게 장기적으로 어떤 영향을 미치는지 모른다. 지금 치료를 받는 어린이들 상당수는 조금씩 호전되고 있지만 일부는 10~11개월이 지난 지금도 호전의 기미가 보이지 않는다. 특히 어린이들의 육체적 활동 수준을 잘 맞추어 어떻게 하면 과잉 활동으로 인해 다시 크게 나빠지지 않도록 할 것인지도 중요하다"라고 밝혔다. 의료팀의 수장인 울롭 헤르팅은 "극소수의 어린이가 아주 심각한 코로나 후유증을 앓고 있다"라는 결론을 내렸다.

앞의 두 기사는 어린이들은 쉽게 감염되지 않는다는 의사들의 주장이 사실이 아닐 수도 있다는 것을 보여준다. 마지막 특집 기사는 65명의 어린이가 앓고 있는 것이 코로나 후유증이라면 어린이들이 어른들처럼 폐렴과 같은 직접적인 중병을 앓지는 않지만 극소수의 어린이들은 극심한 코로나 후유증으로 고생한다는 것이다. 그러나 마지막 주제, 어린이들이 코로나 감염의 동력인지에 대해서는 아직 연구 결과나 언론에 보도된 것을 찾지 못했다. 겨울에 유행하는 독감이나 구토를 동반한 심한 복통의 경우 어린이들이 감염의 동력이지만 코로나는 일단 그렇게 보이지는 않는다.

위 기사들을 통해 세계적인 코로나 대유행에도 스웨덴이 학교를 닫지 않는 이유가 코로나와 어린이에 관한 의학적 연구 결과 때문인지, 아니면 어린이들이 가정에 머물면서 생기는 사회적 문제 때문에 학교 폐쇄를 결정하지 못하는 것인지를 확실히 알 수 없다. 이에 대한 정확한 답은 향후 어린이와 코로나바이러스에 대한 연구가 축적되어야 가능할 것이다. 특히 전혀 연구되지 않은 어린이들의 코로나 후유증은 각 나라에서 꼭 연구해야 할 분야다. 이러한 연구들이 축적되면 각 나라가 내리는 학교 폐쇄 정책에도 변화가 있을 수 있다.

『EBS NEWS』 2021년 3월 22일

이 어둠과 상실을 따뜻한 촛불로

내가 사는 스톡홀름의 12월은 무척 어둡다. 위도 60도에 위치한 스톡홀름은 여름이면 낮이 길어 백야에 가깝지만 겨울이면 반대로 온종일 어둡다가 깜깜해진다. 오전 9시에 해가 떠서 오후 3시 전에 진다. 날씨가 맑으면 그나마 창백한 해라도 구경할 수 있지만 대부분 잿빛 날들이 이어진다. 예전에는 눈이 많이 왔지만 지구온난화 때문에 요즘은 계속 진눈깨비가 내린다. 눈이라도 내려 대지를 덮으면 세상이 훤해지는데 눈이 귀해지니 어둠은 더욱 짙다.

올해는 이 어둠을 더 짙게 하는 게 있다. 코로나 19 대유행이다. 지난봄에 많은 노인이 죽어 나갔다. 11월 들어 코로나 2차 파동이 시작되며 또 노인들이 죽어 나간다. 의료진들의 사투가 눈물겹다.

정부와 방역 당국은 연일 이 사태를 우리 모두 함께 책임져야 한다며 다그친다. 개인위생과 거리 두기를 철저히 하고 불필요한 외출을 삼가고 재택근무를 종용한다. 요양 시설의 부모 방문도 삼가기를 권한다. 그런데도 일부 요양 시설에서는 부모와 자녀가 완전 비닐로 포장된 채 만나 비닐 포옹과 비닐 뽀뽀를 하며 헤어지지 못하고 눈물을 글썽이는 모습을 TV를 통해 보여준다. '효'라는 개념도 없는 나라에서 부모와 자식 간의 사랑이 우리보다 진한 것 같아 숙연해진다. 개인의 이성과 책임 그리고 자발성에 기초한 정부의 코로나 대응 전략이 실패했다는 비판 사설과 토론 글이 심심찮게 올라온다.

12월의 이 어둠과 역병으로 인한 상실을 스톡홀름에 사는 우리는 촛불로 몰아내려고 애쓴다. 성탄절이 4주 남짓 남은 일요일부터 정원 나무에 별빛 같은 조그만 전등으로 장식을 하고 집안에는 창문마다 7개의 촛불 전등을 밝히거나 별 모양의 큰 전등을 걸어 별이 내려앉게 했다.

이 빛 장식의 절정에는 강림절 촛대가 있다. 강림절 촛대는 4개의 초를 꽂고 촛대 받침 부분을 연한 연두색의 둥근 실타래 같은 이끼 (mossa)와 링곤(lingon)으로 장식한 것이다. 모사는 이끼의 한 종류로 스웨덴 북쪽의 순록이 한겨울에 눈 속 깊이 묻혀 있는 것을 앞발로 파내어 먹는 겨울 양식이기도 하다. 스웨덴 숲 어디서든 볼 수 있는 맑고 깨끗한 이끼다. 그리고 자그만 초록 잎의 빨간 열매 링곤은 야생 베리로 늦가을 스웨덴 숲을 빨간 점으로 수놓는다. 잼을 만들면 새콤한 맛이 나는 건강식품이 된다.

강림절 촛대를 이끼와 링곤으로 장식하고 첫 초에 불을 밝히면 아이들은 신기한 듯 둘러앉아 구경을 하거나 서로 성냥불을 켜려고 난리를 친다. 그러면 어른들은 순서를 정해주고 성냥 켜는 방법을 알려주거나 아이의 손을 잡고 같이 성냥불을 켜서 불을 붙인다. 이렇게 매주 일요일 촛불을 하나씩 붙여 마침내 네 개의 초 모두 불이 붙으면 성탄절이 임박했다는 뜻이다. 이제는 크리스마스 트리를 집안에 들여 장식하고 아이들에게 줄 선물을 크리스마스 트리 밑에 쌓아둔다. 호기심에 찬 아이들은 선물 상자를 흔들어보며 자기 이름이 적힌 선물을 산타할아버지가 앉을 자리 제일 가까운 곳에 둔다.

필자는 이 강림절 촛대를 '기다림 촛대'라 부른다. 선물 듬뿍 받는 성탄절을 기다리는 아이들의 마음을 어른들이 이 4개의 촛대에 고스란히 녹여 내렸다는 생각에서다. 성탄절을 기다리는 이 한 달 동안 동화에서나 볼 수 있는 일들이 실제로 일어난다. 창밖엔 눈이 소복소복 쌓이고 집안엔 벽난로에서 자작나무 타는 소리가 타닥타닥 날 때 아이들은 이 촛대 주위에 둘러앉아 성탄절이 며칠 남았는지 손꼽아 센다. 그리고 엄마와 아빠는 아이들과 함께 앞치마를 두르고 코와 뺨에 밀가루를 묻히고 반죽을 몰래 뜯어 먹으며 성탄절 빵(lussekatter)을 굽고, 소파에 누워서 아이들을 배 위에 얹거나 팔베개를 해주고는 번갈아 동화책을 읽어주기도 한다. 빵 냄새를 맡고 찾아온 새들이 창틀에 앉아 고개를 갸우뚱거리고, 옛날 얘기를 들으러 산에서 내려온 노루가 창가에 고개를 내밀기도 한다. 이렇게 북유럽의 아이들과 어른들은 기다림 촛대에 불을 하나씩 밝혀 어둠을 물리치며 성탄절을 기다린다. 꼭 옛날에 우리가 시골에서 설날을 손꼽아 기다렸듯이.

사람이 죽어 나가고 생활 터전을 잃고 가족 간에도 감염이 두려워 가까이하지 못하는 이 잔인하고 암울한 12월, 스톡홀름에서 독자 여러분께 마음의 촛불을 보내드립니다. 부디 이 어둠과 상실을 이겨내시길 기원합니다.

『국제신문』 2020년 12월 23일

스웨덴 숲에서 한국을 읽다
더 나은 한국 사회를 위한 비판적 제언

초판 1쇄 발행 2021년 10월 4일
초판 2쇄 발행 2023년 3월 30일

지은이 황선준
펴낸이 박유상
펴낸곳 빈빈책방㈜

편 집 배혜진 · 정민주
디자인 박주란

등 록 제2021-000186호
주 소 경기도 고양시 덕양구 중앙로 439 서정프라자 401호
전 화 031-8073-9773
팩 스 031-8073-9774

이메일 binbinbooks@daum.net
페이스북 /binbinbooks
네이버블로그 /binbinbooks
인스타그램 @binbinbooks

ISBN 979-11-90105-31-6 (03300)